정 토 혹 문

淨土或問

(부록 : 금강반야바라밀경윤관)

정 토 혹 은

淨土或問

元 師子林 天如則 著

明 雲棲袾宏 編

弟子 廣信 校

원대 사자림의 천여유칙이 짓고,
명대 운서주굉이 편찬하였으며,
그 제자 광신이 교정하다

목 차
Contents

[해 설]

[부 록]

淨土或問[1] 序

『정토혹문』에 붙이는 서문

參禪 余所不去 念佛 亦非去者 禪主見性 佛念離塵 竊謂
念佛一門實為禪教共履之通途 亦士庶同遊之捷徑 可不信哉
世之學者 參禪有禪病 作佛有佛魔 秖緣去聖時遠 源流異別
比比有之 孰能遏絕 而元之天如則禪師 宗說俱通 人天規則
可謂劍離寶匣為斬不平 藥出金瓶以瘳沈痾 遂於無疑中巧
設疑情 無問處而興問目 目之曰淨土或問 共二十六則 所謂
拔本塞源窮諸識念者也 若其信得及 淨念相繼 觸目西方 歸
心淨土 奚以為文哉 如或執妄謬解 妍醜不分 白日迷途 適
越之北者 取為司南 茲有門弟子洪慈 募眾流行 非獨與世之
修淨業者共 亦足為不信者之一勸耳

三宗講主 守愚悟勤 識

序(畢)

---

1) 본 『淨土或問』은 元代의 師子林天如和尚의 『淨土或問』에다 明代의 雲
棲袾宏이 編한 것에다, 다시 운서주굉의 제자 廣信이 교정을 가한 것이
다. 때문에 본래는 元代 天如惟則의 저술임에도 불구하고 明代에 편찬
과 교정을 가하는 과정에서 명대에 출현한 주석서 내용이 다수 포함되
어 있다. 때문에 이후 역자의 주석에서는 그 출처를 표기하는 과정에서
명대에 출현한 주석서가 다수 포함되어 있음을 밝혀둔다.

나 悟勤은 참선을 멀리한 적도 없지만 또한 염불도 멀리하지 않는 사람이다. 참선을 하는 사람은 견성을 하지만 부처를 염하는 사람은 속진을 벗어난다. 말하자면 염불의 일문은 실로 선가와 교가에서 공통적으로 실천해야 할 通途이고, 또한 선비와 백성이 함께 어울려 노닐 수 있는 첩경인 줄을 어찌 믿지 못하겠는가.

세간의 수행납자들이 참선을 하면서도 禪病에 걸리고 부처가 되어서도 佛魔에 걸리는 것은 부처님께서 가신 지 시대가 오래된 인연으로 원류가 달라지고 차별된 것이 흔해졌기 때문이다. 그런데 그 누가 이것을 막을 수 있겠는가.

그러나 원나라의 천여유칙 선사는 宗通 및 說通한 사람으로서 인간과 천상의 규칙이었다. 가히 칼집에서 칼을 꺼내서 불평을 잘라버리고, 금병에서 약을 꺼내서 불치병을 치료한 것이라 말할 수가 있다. 이에 질문할 도리가 없지만 질문의 항목을 내세웠기 때문에 그것을 제목하여 『정토혹문』이라 하였다. 여기에 수록된 26칙의 모두는 소위 모든 분별식과 분별념을 발본색원한 것이다.

그러므로 만약 그 도리를 믿게 되면 청정념이 상속되어 눈으로는 서방세계를 보고 마음으로는 극락정토에 귀의하게 될 것인데, 다시 무엇으로 경문을 삼겠는가. 혹 허망한 것에 집착하여 잘못 이해하기라도 한다면 곱고 추한 것도 구분할 줄 모르고, 대낮에도 길에서 헤맨다면 월나라로 가려고 하면서 북쪽으로 가는 사람이 되고 만다.

그러나 이제 『정토혹문』이라는 나침반을 얻어서 더욱더 많은 사람들을 널리 사랑하고 더불어서 갖가지 길로 찾게 되었으니, 이것이야말로 세간의 정토수행자 뿐만 아니라 또한 정토를 믿지 않은 사람들까지도 역시 함께 권장할 수 있게 되었다.

삼종의 강주인 수우당의 오근이 쓰다.

서문을 마치다.[2]

---

[2] 이 [서문]은 『淨土十要』 卷6, (『卍續藏』 61, p.691上-中)에도 수록되어 있다. [서문]에서는 선은 견성이고 정토는 속진의 초월이지만 공통적으로 실천해야 할 通途이고 捷徑임을 말하고 있다.

淨土或問(全)[3]

『정토혹문』

元 師子林 天如則 著
明 雲棲袾宏 編 弟子 廣信 校

원나라 시대 사자림의 천여유칙이 짓고,
명나라 시대 운서주굉이 편찬하고, 그 제자 광신이 교정
하다.

1.

天如老人方宴默於臥雲之室　有客排闥而入者　禪上人也
因命之坐　坐久夕陽在窓　篆煙將滅　客乃整衣起立　從容而問
曰　竊聞永明壽和尚稟單傳之學於天台韶國師　是爲法眼的孫
匡徒於杭之淨慈　座下常數千指　其機辯才智雷厲風飛　海內
禪林推之爲大宗匠　奈何說禪之外　自修淨土之業　而且以教
人復撰揀示西方等文　廣傳于世　及作四料揀偈　其略曰　有禪

---

3) 『淨土或問』의 (全)'이란 『정토혹문』의 구성에 포함된 天如惟則의 본문
　과 雲棲袾宏의 편찬과 그 제자 廣信이 교감한 것이 모두 포함되어 있음
　을 가리킨다.

無淨土 十人九蹉路 無禪有淨土 萬修萬人去 看他此等語言
主張淨土 壁立萬仞無少寬容 無乃自屈其禪而過讚淨土耶
此疑非小 師其為我辯之 答曰 大哉問也 當知永明非過讚也
深有功於宗教者也 惜永明但擧其綱 而發明未盡 故未能盡
遣禪者之疑也 余忝學禪 未諳淨土 然亦嘗涉獵淨土諸書 稍
知其槪 本是易行易入之方 亦是難說難信之法 所以釋迦慈
父現在世時 為諸弟子說彌陀經 預知末法眾生少能信向 故
引六方諸佛出廣長舌說誠實言 以起其信 以破其疑 及於經
末 因諸佛所讚 乃復自言 當知我於五濁惡世 行此難事〈得
阿耨多羅三藐三菩提+?〉 為一切世間說此難信之法 是為甚
難 此皆苦口丁寧勸人信向矣

1. 정토염불만 있으면 극락에 간다.[4]

천여유칙(?-1354) 노인이 臥雲室에서 좌선하고 있자니,
어떤 객승이 문을 열고 들어왔다. 그는 좌선을 하는 납자
였기[禪上人] 때문에 천여유칙은 그한테 좌선을 하고 있으
라고 말했다. 이에 한참 동안 앉아 있었다가 석양이 창에
비칠 무렵에 한 개피의 향이 다 타들어갈 즈음이 되었다.[5]

---

4) 단락에 대한 일련번호 및 그 제목은 번역하는 과정에서 편의상 붙인 것
   이다.
5) 좌선을 할 경우에 불을 붙인 향을 꽂아둠으로써 좌선시간을 측정하는
   모습을 가리킨다.

객승이 가사를 정제하고 일어나서 조용히 물었다 :

전해오는 말에 의하면 영명연수 화상은 천태덕소 국사에게서 정법안장[單傳之學]을 전승하였는데 그것은 법안문익의 손제자였습니다.[6] 훌륭한 제자가 淨慈寺에 넘쳤고, 문하에는 늘상 수천 명이었습니다. 그 機辯과 才智는 마치 우레가 치는 것과 같고 바람이 불어오는 것과 같아서 온 천하[海內]에서는 그를 대종장이라 불렀습니다. 그런데 어째서 스스로 선법을 설하는 것 이외에 정토의 수행을 닦고, 나아가서 사람들에게 정토수행을 가르치며, 또한 서방정토에 대한 저술을 지어서 널리 세계에 전승하고, 또한 다음과 같이 사요간에 대한 게송을 지은 것입니까.

선만 닦고 정토수행이 없으면　有禪無淨土
십중팔구는 길을 잘못 가지만　十人九蹉路
선은 없어도 정토수행 닦으면　無禪有淨土
모든 사람 정토에 왕생한다네　萬修萬人去

영명연수가 이와 같은 사요간으로써 정토를 주장한 것은 까마득한 만길 절벽에서 추호의 망설임[寬容]도 없었고, 그가 닦은 선에 대하여 조금의 자괴감도[自屈] 없이 지

---

6) 오대 초기에 형성된 선종의 法眼宗은 법맥이 法眼文益 - 天台德韶 -
　 永明延壽로 계승되었다.

나치게 정토를 찬탄하는 것이 아니었겠습니까. 이러한 의심이 적지 않으니 선사께서는 저를 위해 그것에 대하여 말씀해주십시오.

답한다 :

좋은 질문이다. 영명연수 화상이 선종의 교의[宗教]에 대하여 큰 공을 세웠다는 말도 과찬이 아니라는 것을 알아야 한다. 그러나 안타깝게도 영명화상은 단지 그 강령만 언급하였을 뿐이지 자세한 설명은 미진하였다. 때문에 선자들의 의심을 다 없애지는 못하였다. 나[천여유칙]는 좌선수행을 맛만 보았을 뿐이고 아직 정토에는 통달하지 못하고 있다. 그러나 또한 일찍이 정토에 관련된 많은 책을 섭렵하여 그 대강에 대해서 조금은 알고 있다. 본래 정토수행은 실천하기가 쉽고 깨치기도 쉬운 방법이면서도 또한 설명하기가 어렵고 믿기도 어려운 가르침[法]이다.[7]

때문에 자비로운 아버지이신 석가모니께서는 세상에 계실 적에 모든 제자를 위하여 『아미타경』을 설하였는데, 그것은 말법시대의 중생은 믿음으로 정토에 나아가는 자가 드물다는 것을 미리 알고 있었기 때문이었다. 때문에 육방의 제불이 廣長舌을 나타내서 설했던 진실한 말씀[誠

---

7) '본래 정토수행은 실천하기가 쉽고 깨치기도 쉬운 방법이면서도 또한 설명하기가 어렵고 믿기도 어려운 가르침[法]이다.'는 대목은 천여유칙이 정토에 대하여 지니고 있는 관점으로서 이후에 전개되는 내용의 대강에 해당된다.

實言]을 인용함으로써 정토에 대한 믿음을 일으켜주고 정토에 대한 의심을 타파해주었다. 그래서 경문의 말미에서 제불의 찬탄을 받고나서 다시 스스로 말했다.

"반드시 알아야 한다. 나 여래는 오탁악세에 이처럼 믿기 어려운 가르침을 실천하여 아뇩다라삼먁삼보리를 얻게 하려고 일체세간의 중생을 위해서 이처럼 믿기 어려운 법을 설하는 것이다. 이야말로 진정으로 어려운 일이다."[8]

이것은 모두 고구정녕하게 사람들에게 믿음을 권장한 것이었다.

且大悲世尊垂救末劫 凡金口所宣 一偈一句而人非人等莫
不信受奉行 獨於淨土之說 則間有疑者何哉 良由淨土教門
至廣至大 淨土修法至簡至易 以其廣大而簡易故 聞者不能
不疑焉 所謂廣大者 一切機根攝收都盡 上而至於等覺位中
一生補處菩薩亦生淨土 下而至於愚夫愚婦與夫五逆十惡無
知之徒 臨終但能念佛悔過 歸心淨土者 悉得往生也 所謂簡
易者 初無艱難勞苦之行 又無迷誤差別之緣 但持阿彌陀佛
四字名號 由此得離娑婆 得生極樂 得不退轉 直至成佛而後
已也 其廣大既如彼 其簡易又如此 故雖智者亦不能無疑焉
汝如知此 則知永明之讚深有意焉而非過也

---

8)『佛說阿彌陀經』,(『大正新脩大藏經』12, p.348上)

묻는다 :

또한 이것은 대비하신 세존께서 말겁의 중생을 제도하기 위하여 베풀어주신 것입니다. 무릇 金口로써 선설한 한 게송 내지 한 구절은 人非人[9] 등에 이르기까지 믿고 받아들이며 받들고 실천하지 않는 이가 없는데, 유독 정토설법의 경우에 대해서만 의심하는 사람이 있는 것은 무슨 까닭입니까.

답한다 :

진실로 정토의 교문이 지극히 넓고 지극히 크지만 정토 수행법은 지극히 간단하고 지극히 쉽기 때문이다. 교문은 광대하지만 수행법은 쉽기 때문에 설법을 들은 자가 의심하지 않을 수가 없다.

소위 교문이 광대하다는 것은, 일체의 근기를 모두 섭수하여 위로는 等覺位의 一生補處菩薩에 이르기까지도 또한 정토에 왕생하고, 아래로는 필부필부와 무릇 오역죄와 십악죄를 짓는 무지한 자들에 이르기까지도 임종하는 때에 염불하여 과오를 뉘우치고 정토에 마음으로 귀의하는 자는 모두 왕생할 수가 있다는 것을 말한다.

소위 쉽다는 것은, 초보자의 경우에도 매우 어려운[艱難

---

9) 人非人은 사람이라 할 수도 없고 畜生이라 할 수도 없으며 신이라 할 수도 없는 존재로서 緊那羅(Kinara)의 별명이다. 긴나라는 緊拏羅 · 緊陀羅 · 緊捺洛 · 甄陀羅 · 眞陀羅라고도 한다. 번역하여 疑人 · 疑神 · 人非人이라 하는데, 歌神 · 歌樂神 · 音樂神이다.

勞苦] 수행이 없고, 또한 잘못되거나 차별되는[迷誤差別] 인연도 없어서, 다만 아미타불이라는 네 글자의 명호만 수지한다면 그것으로 말미암아 사바세계를 벗어나서 극락에 왕생하고 不退轉地를 터득하여 곧장 성불하여 끝마친다는 것을 말한다.

정토의 교문이 그와 같이 광대하고 또한 그와 같이 쉽기 때문에 비록 智者라 할지라도 또한 의심하지 않을 수가 없다. 그대가 이와 같은 줄 안다면 영명연수가 정토를 찬탄한 까닭에도 깊은 의도가 있다는 것도 과언이 아닌 줄을 알 것이다.

2.

問曰 廣大簡易既聞命矣 如禪宗悟達之士 既曰見性成佛 其肯復求淨土之生乎 答曰 汝未之知耳 悟達之士政願求生 古人云 不生淨土 何土可生 汝但未悟 使汝既悟 則汝淨土之 趣萬牛不能挽矣

2. 견성하고도 다시 정토에 왕생하기를 추구한다.

묻는다 :
정토의 교문이 광대하고 쉽다는 것에 대해서는 이미 말씀하신 것을 들었습니다. 그렇다면 저 선종에서는 깨친 사

람들의 경우에 이미 견성성불했다고 말하면서도 다시 정
토에 왕생하기를 추구하는 것에 긍정하는 겁니까.

답한다 :

그대는 그 도리를 모르고 있다. 깨친 사람이어야 제대로
정토왕생을 願求한다. 때문에 고인은 다음과 같이 말한다.

"정토에 왕생하지 않는다면 어느 국토에 왕생하겠는가."

그대는 아직 깨치지 못했을 뿐이지만, 그대가 깨치기만
한다면 곧 그대가 정토에 나아가는 것은 만 마리 소의 힘
으로도 막지 못한다.

3.

問曰 佛祖出世為度衆生 學者但患大事不明 大事既明 當
行佛教 隨類化身 入泥入水不避生死 廣度生靈 今悟達之士
求生淨土 則厭苦趨樂 不顧他人 此非吾所願也 答曰 見卵而
求時夜 何太早計耶 爾將謂一悟之後習漏永除便得不退轉耶
爾將謂一悟之後更無遍學佛法修行證果等事耶 爾將謂一悟之
後便可上齊諸佛入生入死不受障緣之所撓耶 審如是 則諸大
菩薩修六度萬行 動經恒河沙數劫者 寧無愧於汝耶 古教有云
聲聞尚有出胎之昧 菩薩亦有隔陰之昏 況近時薄解淺悟而自
救不了者乎 縱有悟處深遠見地高明 行解相應志在度人者 奈
何未登不退 力用未充 居此濁惡化此剛強 此亦先聖之所未許
如以未完不固之舟濟多人於惡海 自他俱溺 其理必然

3. 깨쳐야 정토에 왕생하고 중생을 교화한다.

묻는다 :

부처님과 조사는 중생을 제도하기 위하여 세간에 출현하셨습니다. 그런데 수행납자는 무릇 일대사를 발명하지 못함을 근심할 뿐입니다. 일대사를 발명하고나면 반드시 부처님의 가르침을 실천해야 합니다. 중생의 부류를 따라서 몸을 나타내어[化身] 진흙에도 들어가고, 물속에도 들어가며, 생·사를 피하지 말고 널리 중생을 제도해야 합니다. 그런데도 오늘날 깨쳤다는 사람들은 자신이 정토에 왕생하는 것만 추구할 뿐으로 苦를 싫어하고 樂만 따르면서 다른 사람을 돌아보지 않습니다. 이것은 저희들이 바라는 모습이 아닙니다.

답한다 :

달걀을 보자마자 밤 시간을 알려주길 추구하는 것은 너무 성급한 것이 아닌가.[10] 그대는 한번 깨친 이후에는 번뇌의 습기가 영원히 단절되어 불퇴전지를 터득하는 것이라고 말하는 것인가. 그대는 한번 깨친 이후에는 곧바로 널리 불법을 익혀서 수행을 하고 證果를 하는 사업이 필요가 없다고 말하는 것인가. 그대는 한번 깨친 이후에는 곧

---

10) 見卵而求時夜는 계란을 보자마자 그 계란이 부화하여 닭이 되어 새벽 시간을 알려주기를 바라는 것으로 몹시 성급함을 가리킨 말이다.

바로 제불이 출생에 들어가고 죽음에 들어가되 장애되는 반연의 흔들림을 받지 않는 경지에 동등하게 올라간다고 말하는 것인가.

참으로 그렇다면 곧 항하사 겁이 바뀌고 지나도록 육바라밀의 만행을 닦아가는 모든 대보살들이 어찌 그대만 못하겠는가.[11) 그러므로 경전에서는 "성문이라 하더라도 일단 태에서 나오면 곧 미혹해진다. 그리고 보살이라 하더라도 또한 다음 생을 거르면 혼미해진다."고 가르친다. 하물며 근래의 이해도 미천하고 깨침도 미력한[薄解淺悟] 사람으로서 자신도 구제하지 못한 경우이겠는가. 설령 깨침이 심원하고 견지가 고명하며 解·行이 상응하고 중생제도에 뜻을 둔 사람이라 할지라도 아직 불퇴전지에 오르지 못하여 力用이 충분하지 못한다면 그것을 어찌하겠는가.

이 오탁악세에 살면서 강건한 중생을 교화하는 그것은 또한 先聖의 경우에도 인정하지 않았던 경우이다. 그것은 마치 미완성의 견고하지 못한 배를 타고서 많은 사람을 惡海에서 구제하려는 것과 같아서 필경에 나와 남이 모두 물에 빠질 것임은 당연한 도리이다.

---

11) '항하사 겁이 지나도록 육바라밀을 닦는 제대보살이 한번 깨치기만 하면 다시는 수행할 필요가 없다고 간주하는 그대만 못하겠는가.' 하는 뜻이다.

故往生論云 欲遊戱地獄門者 必生彼土得無生忍已 還入
生死救苦衆生 以此因緣求生淨土 又先聖有云 未得不退轉
位 不可混俗度生 未得無生法忍 要須常不離佛 譬如嬰兒常
不離母 又如弱羽只可傳枝 今此國中釋迦已滅彌勒未生 而
況四惡趣苦因果牽纏 外道邪魔是非扇亂 美色淫聲之相惑
惡緣穢觸之交侵 既無現佛可依 又被境緣所撓 初心悟達之
人 尠有不〈遭其退敗者 所以世尊殷勤指歸極樂, 良有以也
蓋彼彌陀現在說法, 樂土境緣種種淸淨, 倘+?〉依彼佛　忍
力易成 高證佛階 親蒙授記 然後出化衆生 去來無礙也 以
是之故 雖上根利器 猶願託生 況汝中下之輩初得發明者乎

때문에 『왕생론』에서는 다음과 같이 말한다.

["지옥문에서 유희하려는 자는 반드시 정토에 왕생하여 무
생법인을 얻고나서 다시 고통받는 중생을 제도하기 위하
여 생사의 세간에 들어가야 한다. 이러한 인연으로써 정토
에 왕생하기를 추구한다."고 말했다.

　"또한 옛적의 스님에게 다음과 같은 말이 있다. '불퇴전지
를 터득하지 못하고서는 세속에 들어가 중생을 제도할 수
가 없다. 그러므로 아직 무생법인을 터득하지 못하였거든
반드시 늘상 부처님을 떠나지 않아야 한다. 비유하면 마치
어린아이가 늘상 엄마를 떠나지 않은 것과 같다. 또한 연약

한 날개로는 나뭇가지에서만 노닐 뿐이다.' 지금 이 중국에
서도 석가는 이미 소멸되었고 미륵은 아직 하생하지 않았
다. 하물며 지옥·아귀·축생·아수라의 사악취의 고통스
러운 인·과에 휘말리고 속박되며, 외도와 사마들이 어지
럽게 시·비를 일으키는 것이겠는가. 아름다운 여인의 음
란한 소리가 더욱더 미혹하게 하고, 惡緣과 穢觸이 번갈아
침범하는데 이미 의지할만한 부처님은 나타나지 않으며,
또한 어지러운 환경의 영향을 받고 있으므로 초심에 깨친
사람의 경우에도 退敗하는 인연을 만나지 않은 경우는 매
우 드물다. 때문에 세존께서 은근히 많은 사람들에게 극락
을 가르쳐주신 것은 진실로 까닭이 있는 것이었다. 극락에
서는 저 아미타불이 현재 설법을 하는데 극락국토의 경계
와 인연으로 갖가지가 청정하다. 간혹 아미타불에 의지하
여 무생법인이 쉽게 성취되어 높이 부처님이 계시는 곳에
이르러 친히 수기를 받기도 한다. 그런 연후에 중생을 교화
하기 위하여 출세하는데 가고 옴에 장애가 없다."]12)

  이런 까닭에 비록 상근기의 뛰어난 사람일지라도 오히려
왕생에 의탁하기를 바라는데, 하물며 그대와 같은 중·하
근기의 무리들로서 처음으로 발심[發明]한 자들이겠는가.

---

12) 明 袁宏道, 『西方合論』 卷2, (『大正新脩大藏經』 47, p.394中-下) 참조.

豈不見　觀佛三昧經中　文殊自敘宿因謂　得念佛三昧常生
淨土　世尊復記之曰　汝當往生極樂世界　又不見　華嚴經中　普
賢勸進善財童子海會大衆　以十大願主導歸極樂　其偈云　願
我臨欲命終時　盡除一切諸障礙　面見彼佛阿彌陀佛〈佛-?〉
即得往生安樂刹　又云　彼佛衆會咸淸淨　我時於勝蓮華生　親
覩如來無量光　現前授我菩提記　蒙彼如來授記已　化身無數
百俱胝　智力廣大遍十方　利樂〈普利?〉一切衆生界

어찌 보지 못했는가. 곧 『관불삼매경』에서는 다음과 같
이 말한다.

"문수가 염불삼매를 터득하여 늘상 정토에 왕생했다는
과거의 인행에 대하여 스스로 서술하였다. 이에 세존께서
는 문수에게 다시 '그대는 반드시 왕생극락할 것이다.'는
수기를 주셨다."

또 보지 못했는가. 곧 『화엄경』에서는 보현보살이 선재
동자 및 수많은 대중에게 열 가지 대원을 통하여 극락세계
에 나아가는 방법에 대하여 권장하였는데 그 게송은 다음
과 같이 말한다.

"바라건대 내가 목숨을 마칠 때　　願我臨欲命終時
일체의 모든 장애를 다 없애고　　盡除一切諸障礙
면전에서 아미타불을 친견하여　　面見彼佛阿彌陀

곧바로 안락찰토에 왕생하기를　即得往生安樂刹" [13]

또 다음과 같이 말한다.

"저 부처님 대중 모두 청정하니　彼佛衆會咸淸淨
저도 그때 아름다운 연꽃 피워　我時於勝蓮華生
여래의 무량광명을 친견하자니　親覩如來無量光
저한테 보리수기를 현전하셨네　現前授我菩提記

저 여래께서 주신 수기 받들어　蒙彼如來授記已
백 구지 무수한 화신 드러내고　化身無數百俱胝
광대한 지혜 힘 시방에 채워서　智力廣大遍十方
널리 모든 중생계 이롭게 하네　普利一切衆生界" [14]

又不見 入楞伽經中 授記龍樹偈云 南天竺國中 大名德比
丘 厥號爲龍樹 能破有無宗 世間中顯我 無上大乘法 得初歡
喜地 往生安樂國 又不見 起信論中 馬鳴菩薩有 求生之願
無量壽論 天親菩薩有願往之心 又不見 大寶積經中 印許淨
飯王及七萬釋種同生安養 十六觀經中 指示韋提夫人及五百
侍女同觀彌陀 且淨飯韋提等 皆是現得無生法忍 西竺似此

13) 『大方廣佛華嚴經』 卷40, (『大正新脩大藏經』 10, p.848上)
14) 『大方廣佛華嚴經』 卷40, (『大正新脩大藏經』 10, p.848上)

之流 不可得而勝數矣 東土如廬山遠公合社高人 天台賢首
諸宗尊者自行化他 曰僧曰俗同生淨土者

또한 보지 못했는가.
『입능가경』에서는 대혜보살에게 神呪를 수기하는 가운
데 용수와 관련된 게송에서 다음과 같이 말한다.

"인도의 남천축국 사람 가운데　南天竺國中
비구로서 대명과 대덕의 사람　大名德比丘
그의 이름은 용수라 불리운다　厥號為龍樹
그는 유종과 무종을 타파하고　能破有無宗

세간에 여래를 크게 드러내어　世間中顯我
가장 높은 대승법 설파하였네　無上大乘法
십지중 최초 환희지만 깨쳐도　得初歡喜地
안락국토에 왕생할 수 있다네　往生安樂國"15)

또 보지 못했는가.
『대승기신론』에서는 마명보살에게도 왕생하려는 서원
이 있었다고 말한다.16)

---

15) 實叉難陀 譯, 『大乘入楞伽經』 卷6, (『大正新脩大藏經』 16, p.627下)
16) 眞諦 譯, 『大乘起信論』, (『大正新脩大藏經』 32, p.538上) "若人專念西

또 보지 못했는가.

『무량수경론』에서는 천친보살에게도 왕생을 서원하는 마음이 있었다고 말한다.[17]

또 보지 못했는가.

『대보적경』에서는 정반왕 및 칠만 명의 석가종족이 안양국에 함께 왕생했다는 것을 인정하는 내용이 있다.[18]

또 보지 못했는가.

『십육관경』에서는 부처님의 가르침을 받고 위제휘 부인과 오백 명의 시녀들이 함께 아미타불을 親觀했다는 내용이 있는데, 거기에서 장차 정반왕과 위제휘 부인 등은 모두 그 자리에서 무생법인을 터득하였다.[19]

서쪽의 천축에서는 이와 같은 종류의 내용은 너무나 많아서 다 열거할 수 없을 정도이다. 그리고 동토의 중국에서도 여산의 혜원스님은 高人들과 더불어 백련결사를 맺

方極樂世界阿彌陀佛 所修善根迴向願求生彼世界 卽得往生 常見佛故終
無有退" 참조.

17) 『無量壽經優波提舍願生偈』, (『大正新脩大藏經』 26, p.231上) "故我願
往生 阿彌陀佛國" 참조.

18) 『大寶積經』 卷76, (『大正新脩大藏經』 11, p.433中) "爾時世尊說是法時
淨飯王等七萬釋種 得無生法忍" 참조.

19) 『佛說觀無量壽佛經』, (『大正新脩大藏經』 12, p.346上-中) "爾時世尊說
是語時 韋提希與五百侍女 聞佛所說 應時卽見極樂世界廣長之相 得見
佛身及二菩薩 心生歡喜 歎未曾有 豁然大悟 得無生忍 五百侍女發阿耨
多羅三藐三菩提心 願生彼國 世尊悉記 皆當往生 生彼國已獲得諸佛現
前三昧 無量諸天 發無上道心"

었고, 천태지의 및 현수법장과 같이 천태종과 화엄종의 존자들도 스스로 정토수행을 하였으며, 또 출가승려와 재가자와 더불어 정토에 왕생하도록 그들에게도 정토수행으로 교화하였다.

又〈如何+?〉可得而勝數耶 只如文殊普賢大菩薩也 善財海衆遍參知識 悟同諸聖者 馬鳴龍樹等亦菩薩也 亦禪宗以爲大祖師也 此諸聖人所悟所證 比今悟達之士 爲何如哉 彼尙願生樂國 親近彌陀 而汝一悟之後 更不求生 則龍樹馬鳴普賢文殊等 寧無愧於汝耶 今汝何不自揣其心自量其力 所修所證 誠有過于二菩薩二禪祖者乎 所參知識所悟佛性 誠有過於善財海衆者乎 所得無性〈生?〉法忍受佛印證 誠有過於淨飯韋提者乎 淨飯國王佛之父也 七萬釋種佛之親屬也 淨土之生倘無利益 佛忍自誤其父與親屬乎 向謂得無生法忍者 可許混俗度生 今其父王親屬既得此忍 而尙記往生 則汝求護持保養之意 豈不深且遠乎

또한 정토에 왕생한 사람들을 모두 어찌 헤아릴 수 있겠는가. 다만 문수와 보현과 같은 대보살 및 선재동자 및 많은 대중은 여러 선지식을 편참하여 그 깨침이 제성인과 같았다. 마명과 용수 등은 또한 보살이면서 또한 선종의 대조사였다.

이와 같은 제성인의 깨침[悟·證]을 오늘날 깨쳤다는[悟達] 사람들과 비교하면 어떻다 하겠는가.

문수·보현·마명·용수 등도 극락국토에 왕생을 서원하여 아미타불을 親近하는데, 그대가 한번 깨친 이후에 다시 왕생을 추구하지 않은 즉 용수·마명·보현·문수 등이 어찌 그대만 못하겠는가.

지금 그대는 어째서 자기의 마음도 헤아리지 못하고, 자기의 능력도 헤아리지 못하는가.

그대의 수행과 깨침이 진실로 보현·문수의 두 보살과 마명·용수의 두 조사를 능가한단 말인가.

그리고 편참한 선지식과 깨친 불성이 진실로 선재동자 및 많은 대중을 능가한단 말인가.

그리고 터득한 무생법인과 부처님의 인증을 받은 것이 진실로 정반왕과 위제휘 부인을 능가한단 말인가.

정반왕은 부처님의 부친이고, 칠만 명의 석가종족은 부처님의 친속인데, 정토에 왕생한 것이 혹시라도 아무런 이익이 없다면 부처님께서 가르친 법인이 당신의 부친과 친속들을 잘못되게 만들었단 말인가.

저 위에서 무생법인을 터득한 사람은 세속에 들어가 중생을 제도한다고 말했는데, 지금까지도 그 부왕과 친속의 경우에 그 무생법인을 터득하였고 또한 왕생했다는 것을 소중하게 기억하고 있다. 이것이야말로 그대가 추구하는 것으로서 호지하고 보양하려는 뜻일진댄, 어찌 깊고도 심원한 것이 아니겠는가.

多見今之禪者 不究如來之了義 不知達磨之玄機 空腹高心 習為狂妄 見修淨土則笑之曰 彼學愚夫愚婦之所為 何其鄙哉 余嘗論其 非鄙愚夫愚婦也 乃鄙文殊普賢龍樹馬鳴等也 非特自迷正道 自失善根 自喪慧身 自亡佛種 且成謗法之業 又招鄙聖之殃 佛祖視為可哀憐者 於是永明和尚深憐而痛哀之 剖出心肝主張淨土 既以自修 又以化世 故其臨終預知時至 乃有種種殊勝相現 甚至舍利鱗砌于身

흔히 볼 수가 있듯이 오늘날 선자들은 여래의 眞實了義를 궁구하지 않고 달마의 玄機를 알지도 못하면서, 뱃속은 비어있고 아만심만 높아서 쓸데없는 것만 배워가지고 정토수행하는 것을 보고는 "저들이 공부하는 것은 어리석은 필부중생이 하는 짓으로서, 어찌 천박한 것이 아니겠는가."라고 비웃는다.

나는 일찍이 그런 말에 대하여 "그것은 어리석은 필부중생을 천박하게 간주하는 것이 아니라 문수와 보현과 용수와 마명 등을 천박하다고 간주하는 셈이다."라고 힐론하였다.

그와 같은 행위는 스스로 正道에 미혹하고, 스스로 선근을 상실하며, 스스로 지혜의 몸을 상실하고, 스스로 불종자를 잃어버린 것일 뿐만 아니라, 또한 불법을 비방하는 죄업과 성인을 천박하다고 간주하는 재앙을 초래하는 것이다. 때문에 부처님과 조사들은 그것을 불쌍하다고 여기셨다.

이에 영명연수 화상은 심히 불쌍하고 애통하게 간주하여 자신의 간담을 드러내어 정토에 왕생하는 수행을 할 것을 주장하였다. 곧 자신도 이미 정토에 왕생하는 수행을 하였고, 또한 그 정토에 왕생하는 수행법으로 세간을 교화하였다. 때문에 임종의 경우에도 때가 다가온 줄을 미리 알았고, 이에 갖가지 뛰어나고 상서로운 모습을 보여주었다. 더욱이 몸에서는 무수히 많은 사리가 쏟아졌다.

嘗有撫州一僧 經年旋繞其塔 人問其故 僧曰 因病入冥 閻王以陽數未艾 得放還生 乃見殿左 供養畫僧一幀閻王禮拜殷勤 遂叩主吏 吏曰 此永明壽禪師也 其修行精進 徑生極樂上品 王以爲希有 故圖像而禮敬之 夫永明旣悟達摩直指之禪 又能致身於極樂上品 以此解禪者之執情 以此爲末法之勸信 故余謂其深有功於宗敎者此也 豈特永明爲然

[일찍이 무주의 어떤 승이 몇 년 동안에 걸쳐서 영명연수의 탑을 참배하였다. 사람들이 그 까닭을 묻자 그 승이 말했다.

"병을 앓다가 저승에 갔는데 염마왕이 25일 간의 말미를

주고[陽數][20] 칭찬[未艾][21]하면서 환생시켜 주었다. 이에 환생하여 명부전에 들어갔는데 왼쪽 켠에 있는 어떤 스님을 그려놓은 탱화를 향해서 염마왕이 열심히 예배로써 공양하고 있는 모습이 보였다. 이에 명부전을 관리하는 스님에게 묻자 그 스님이 말했다.

'이 탱화의 주인은 영명연수 선사입니다. 선사는 열심히 수행하여 곧바로 극락의 상품세계에 왕생하였습니다. 이에 염마왕이 희유한 경우라 하여 도상으로 그려서 거기에 예경을 하는 것입니다.'"][22]

대저 영명연수 선사는 이미 달마의 직지선[23]을 깨쳤으며, 또한 그 몸이 극락의 상품세계에 왕생하였다. 이로써 선자들이 깨침에 집착하는 것을 풀어주었고, 이로써 말법시대의 중생들에게 불법에 대한 믿음을 권장하였다. 때문에 나 천여유칙은 영명연수 선사에게 宗敎에 깊은 공이 있다고 말한 것이다. 그런데 어찌 특별히 영명연수 선사만 그러하겠는가.

---

20) 天數를 陽數라 하고 地數를 陰數라 한다. 여기에서 天數로서 陽數는 1·3·5·7·9로서 합이 25이고, 地數로서 陰數는 2·4·6·8·10으로서 합이 30이다. 天數 25와 地數 30은 河圖의 正數가 된다.

21) 未艾는 주술 내지 축송에서 하늘의 은총이 그치지 않음을 찬양하는 말이다.

22) 明 大佑, 『淨土指歸集』 卷下, (『卍續藏』 61, 390中-下) ; 明 成時, 『淨土十要』 卷6, (『卍續藏』 61, p.692上-中)

23) 直指禪은 정법안장을 계승한 조사의 선법을 가리킨다.

如死心新禪師 作勸修淨土之文有云 彌陀甚易念 淨土甚易
生 又云 參禪人最好念佛 根機或鈍 恐今生未能大悟 且假彌
陀願力接引往生 又云 汝若念佛不生淨土 老僧當墮拔舌地
獄 又如真歇了禪師作淨土說有云 洞下一宗皆務密修 其故
何哉 良以念佛法門徑路修行 正按大藏 接上上根器 傍引中
下之機 又云 宗門大匠已悟不空不有之法 秉志孜孜於淨業
者 得非淨業之見佛簡易於宗門乎 又云 乃佛乃祖在教在禪
皆修淨業同歸一源 入得此門 無量法門悉皆能入

[黃龍의 死心悟新(1043-11140) 선사가 지은『권수정토문』에
서는 "아미타불은 염불하기가 대단히 쉽고, 극락정토에는
왕생하기가 대단히 쉽다."고 말했고, 또 "참선하는 사람은
염불을 좋아한다. 근기가 둔하여 금생에 대오하지 못할까
염려하는 사람일지라도 아미타불의 원력에 의지하여 왕생
을 한다."고 말했으며, 또 "그대가 염불수행을 했는데도 불
구하고 정토에 왕생하지 못했다면 노승[黃龍의 死心悟新]
은 당장 발설지옥에 떨어질 것이다."고 말했다.

또 진헐청료 선사가 지은『정토설』에서는 "조동종의 문
하에서는 모두 은밀하게 정토염불을 닦았다. 무슨 까닭에
그랬던 것일까. 그것은 진실로 염불법문이야말로 불교수
행의 지름길로서 곧바로 대장경을 가지고 상상근기를 교
화하는 것이고, 한편으로는 중하근기를 교화하는 것이다."

고 말했고, 또 "선종의 대선장들이 이미 不空 및 不有의 선법을 깨치고나서도 다시 뜻을 세워서 정토수행에 부지런히 힘쓴 것은 정토수행을 통하여 견불하는 것이 선종의 수행보다 쉬운 것이 아니었겠는가."라고 말했으며, 또 "부처와 조사들은 교학에서나 선법에서나 모두가 정토수행을 닦아서 깨침이라는 동일한 근원으로 돌아갔다. 그러므로 이 정토염불의 수행문에 들어가면 무량한 법문에 다 들어갈 수가 있다."고 말했다.]24)

至如天衣懷禪師 圓照本禪師 慈受深禪師 南嶽思禪師 法照禪師 靜靄禪師 淨慈大通禪師 天台懷玉禪師 梁道珍禪師 唐道綽禪師 毘陵法真禪師 姑蘇守訥禪師 北礀簡禪師 天目禮禪師等諸大老 皆是禪門宗匠 究其密修顯化 發揚淨土之旨 則不約而同 豈特諸大老為然 余嘗聞一老宿言曰 合五家之宗派 盡天下之禪僧 悟與未悟 無有一人不歸淨土者

내지 저 天衣義懷 선사, 圓照宗本 선사,25) 慈受懷深 선사,26) 남악혜사 선사, 法照禪師,27) 靜靄禪師,28) 정자대통

---

24) 『西方合論』 卷2, (『大正新脩大藏經』 47, pp.394下-395上)
25) 圓照宗本(1020-1099)은 慧林宗本이라고도 하는데 천의의회의 법사로서 운문종의 선사이다.
26) 慈受懷深(1077-1132)은 長蘆崇信의 법사로서 운문종의 선사이다.
27) 法照禪師는 淨土蓮華七祖 가운데 제4조로서 중당시대 사람이다. 太曆

선사, 천태회옥 선사, 양나라 도진 선사, 당나라 도작 선사, 비릉법진 선사, 고소수눌 선사, 북간간 선사, 천목례 선사 등 모든 대노들은 다 선문의 종장들로서 은밀하게 정토수행을 하고, 그 교화를 드러내면서 정토의 지귀를 발양하였다. 이들은 약속도 없었는데 모두 동일하게 정토염불 수행을 하였다.

그 어찌 특별히 모든 大老들 뿐이겠는가.

나[천여유칙]는 일찍이 어떤 노숙에게서 다음과 같은 말을 들었다.

"오가의 모든 종파를 포함하여 천하의 모든 선승들은 깨쳤거나 깨치지 못했거나간에 어느 한 사람도 정토염불에 돌아가지 않은 사람은 없었다."[29]

2년 767 호남성 형주 雲峰寺에서 5회에 걸쳐 염불을 열고, 雲中樓閣에서 아미타불을 친견하는 등 수많은 聖神變化를 드러냈다. 代宗皇帝가 궁중에 초청하여 궁인들에게 5회에 걸쳐서 염불을 가르치도록 하였다. 또 산서성 五臺山 竹林寺 주석하였다. 五會法師라 불리웠다.

28) 靜靄禪師(534-578)는 하남성 개봉의 鄭州 출신으로 속성은 鄭씨이다. 17세에 百官寺의 和스님에게 출가하였다. 또한 玄景에게서『대지도론』을 배웠다. 후에 종남산에서 용수가 지은『중론』4권,『십이문론』1권,『대지도론』100권 및 제바가 지은『백론』2권 등 四論宗의 근본 전적을 강의하여 명성을 날렸다. 북주파불 때 무제에게 諫言하였다가 추방당하고 종남산에 숨어살았다.『三寶集』20권을 찬술하였다. 宣政 원년 7월 16일 遺偈를 쓰고는 기이한 행적을 보이고는 스스로 입적하였다. 세수는 45세였고, 그 제자 慧宣이 碑를 세웠다.

29) 이와 같은 내용은 비록 후대 곧 明代의 찬술이기는 하지만 글속의 내용을 통하여 간접적으로나마 唐代의 百丈懷海의 시대에도 보편적으로 전승되어 있었던 것임을 알 수가 있다. 明代 大佑 集,『淨土指歸集』

因問其故 乃曰 如百丈大智海禪師 是江西馬祖傳道之的
〈適?〉子 天下叢林依他建立 從古至今 無一人敢議其非 天下
清規依他舉行 從始至末 無一事敢違其法 看他為病僧念誦
之規云 集眾同聲舉揚一偈 稱讚阿彌陀佛 復同聲稱念南無
阿彌陀佛 或百聲或千聲 回向伏願云 諸緣未盡 早遂輕安 大
命難逃 徑歸安養 此非淨土之指歸乎 又看他津送亡僧 大夜
念誦回向伏願云 神超淨域 業謝塵勞 蓮開上品之花 佛授一
生之記 此非淨土之指歸乎 至於茶毘之際 別無所為 但令維
那引聲高唱南無西方極樂世界大慈大悲阿彌陀佛 如是十唱
而大眾十和 總名之曰十念也 唱畢復回向云 上來稱揚十念
資助往生 此非淨土之指歸乎

이에 그 까닭을 묻길래, 내가 말했다.
[저 백장산의 대지회해 선사는 강서 마조도일의 적자이다.
천하의 총림은 백장에 의거하여 건립되었는데 예로부터
지금까지 어떤 한 사람도 감히 그 잘못된 점을 논의한 사

卷2, (『卍續藏』61, p.405上) "[茶毘十念] 百丈大智禪師 以修禪之人 附
居律寺 紊師徒之分 是故建立叢林 以清規繩之 自是天下始有禪居 凡病
僧危篤 集眾與之念誦 其詞曰 諸緣未盡 早遂輕安 大命難逃 徑生安養
其與亡僧龕前念誦 則曰 神超淨域 業謝塵勞 蓮開上品之華 佛授一生之
記 至茶毘時 令維那與其十稱西方極樂世界大慈大悲阿彌陀佛 大眾同聲
應和 而又曰 上來稱揚十念 貨助往生 津送住持之法亦然 此法載于清規
雖叢林老宿道眼明白者 無不遵之而行 故知合五家之宗派 盡天下之禪僧
悟與未悟 無有一人不生淨土也" 참조.

람이 없었고, 천하의 청규는 백장에 의거하여 거행되었는데 예로부터 지금까지 어떤 한 가지도 감히 그 법을 어긴 경우가 없었다. 백장이 쓴 [병에 걸린 스님을 위하여 염송할 것을 제정한 규약]을 보면 다음과 같은 말이 있다.

"대중이 모여서 한 게송을 합송으로 거양하는데 아미타불을 칭탄해야 한다. 그리고 다시 합송으로 나무아미타불을 칭념한다. 혹 이렇게 백성 내지 천성을 한다. 회향에 즈음해서는 엎드려서 다음과 같이 발원한다.

'병을 치유하는 모든 안연을 다하지는 못하였지만 조속히 경안해지기를 발원합니다. 대명은 피하기 어려우니 임종에 이르러서는 곧바로 안양국에 돌아가기를 발원합니다.'"]30)

백장의 이것이야말로 정토의 지귀가 아니겠는가.

[또한 백장이 죽은 스님을 위하여 극락으로 봉송[津送]한 것을 보면 大夜(기일의 전날 밤)에 염송한 후에 회향에 즈음하여 엎드려서 다음과 같이 발원한다.

---

30) 明代 大佑 集, 『淨土指歸集』 卷2, (『卍續藏』 61, p.405上) "[茶毗十念] 百丈大智禪師 以修禪之人 附居律寺 紊師徒之分 是故建立叢林 以淸規 繩之 自是天下始有禪居 凡病僧危篤 集衆與之念誦 其詞曰 諸緣未盡 早逯輕安 大命難逃 徑生安養 其與亡僧龕前念誦 則曰 神超淨域 業謝塵勞 蓮開上品之華 佛授一生之記 至茶毗時 令維那與其十稱西方極樂世界大 慈大悲阿彌陀佛 大衆同聲應和 而又曰 上來稱揚十念 賫助往生 津送住 持之法亦然 此法載于淸規 雖叢林老宿道眼明白者 無一遏之而行 故知 合五家之宗派 盡天下之禪僧 悟與未悟 無有一人不生淨土也" 참조.

"神魂은 정토에 도달하고 업보는 번뇌를 벗어나소서. 상
품상생의 연꽃이 피어나고 부처님으로부터 일생의 수기를
받으소서."]31)

백장의 이것이야말로 정토의 지귀가 아니겠는가.
[그리고 다비할 적에는 특별히 할 것이 없고, 다만 유나에
게 먼저 길게 소리를 끌어서 고성으로 '나무서방극락세계
대자대비아미타불'을 염불하되, 열 번을 부르도록 한다.
이에 대중들도 열 번을 따라서 한다. 이와 같은 경우를 十
念이라 말한다. 이에 십념의 염불이 끝나면 다시 회향하면
서 '지금까지 불렀던 십념으로 인하여 영가가 극락왕생할
수 있기를 바랍니다.'라고 말한다.]32)

백장의 이것이야말로 정토의 지귀가 아니겠는가.

自百丈以來 凡所以津送禪僧 皆依此法 然則所謂合五家之
宗派 盡天下之禪僧 無有一人不歸淨土者 豈不然乎 以余觀
老宿所引之言 誠有所據 而不容辯矣 又因其言遂悟百丈祖
師立法之意 亦豈無所據而然耶 汝在叢林津送禪僧 不知其
幾矣 此等回向十念 口裏唱過 耳裏聽過 又不知其幾矣 汝既
不會祖師之意　又自不發省覺之心　妄謂悟達之士不願往生
則天下禪者之執莫汝若矣

---

31) 明代 大佑 集, 『淨土指歸集』 卷2, (『卍續藏』 61, p.405上) 참조.
32) 明代 大佑 集, 『淨土指歸集』 卷2, (『卍續藏』 61, p.405上) 참조.

[백장선사 이래로 무릇 선승의 봉송의식은 모두 이 법에 의거하였다. 그런즉 소위 오가종파의 경우를 포함하여 모두 천하의 선승이라면 어떤 한사람도 정토에 왕생하지 않은 이가 없었다는 것이 어찌 사실이 아니겠는가.]33)

나[천여유칙]는 백장노숙이 인용한 말씀을 살펴보니, 진실로 근거가 있는 말들이므로 더 이상 변명할 것이 없었다.

또한 백장의 말씀으로 인하여 마침내 백장조사께서 그와 같이 입법한 뜻을 알고보니, 또한 어찌 아무런 근거가 없이 그런 입법을 하였겠는가.

그대34)도 총림에 있으면서 봉송해드렸던 선승이 많이 있었을 것이다. 그리고 백장이 말씀하신 것과 같이 십념으로 회향하면서 입으로 아미타불을 부르고 귀로 들은 것이 많이 있었을 것이다. 그런데도 그대는 백장조사의 의도를 모르고, 또한 스스로 깨치려는 마음을 일으키지도 않으면서 망령스럽게도 깨친 사람들의 경우에 왕생을 발원하지 않을 것이라고 말한다면, 천하 선자들의 집착도 그대와 같은 경우는 없을 것이다.

問曰 淨土攝機誠乎其廣矣 愚不敢復議矣 然亦嘗聞有惟心淨土本性彌陀之說 愚竊喜之 及觀淨土經論 所謂淨土者 十

---

33) 明代 大佑 集, 『淨土指歸集』 卷2, (『卍續藏』 61, p.405上) 참조.
34) 여기 대목에서 지금 질문하고 있는 어떤 객승을 가리킨다.

萬億土外之極樂也 所謂彌陀者極樂國中之教主也 是則彼我
條然 遠在惟心本性之外矣 果何謂耶

4. 유심극락이고 본성미타이다.

묻는다 :

정토에서는 모든 사람들을 섭수함이 진실로 광범위합니
다. 어리석은 제가 다시는 그에 대하여 묻지는 않겠습니
다. 그러면서도 또한 일찍이 유심이 극락정토이고 본성이
아미타불이라는 말을 들어본 적이 있습니다. 어리석은 마
음에 그 말을 좋아하여 정토와 관련된 경론을 살펴보니,
정토는 십만 억 국토를 벗어나서 극락이 있다고 말하고,
미타는 극락국토의 교주라고 말하였습니다. 그런즉 彼·
我가 분명하여 아득하게 유심과 본성을 벗어나서 존재하
는 것일진댄, 과연 어째서 그런 겁니까.

答曰 汝言局矣 不識汝心之廣大而明妙者矣 楞嚴云 色身
外洎山河虛空大地 咸是妙明真心中物 又云 諸法所生惟心所
現 安有佛土而不在吾心者哉 當知淨土惟心 心外無土 如大
海之現群漚 無一漚能外海也 惟心淨土 土外無心 猶眾塵之
依大地 無一塵不名地也 又當知先聖有云 惟此一心具四種土
一曰凡聖同居 二曰方便有餘 三曰實報無障礙 四曰常寂光也

답한다 :

그대의 말은 국집해 있다. 때문에 그대의 마음이 광대하고 明妙한 것인 줄을 알지 못한다.

『능엄경』에서는 다음과 같이 말한다.

"색신 이외에 있는 산·하·허공·대지에 이르기까지 모두 妙明眞心 가운데 있는 사물들이다."[35]

또 다음과 같이 말한다.

"제법이 발생된 것은 유심이 드러난 것이다."[36]

그런데 어찌 불토만 있고 내 마음은 없겠는가. 정토는 유심으로서 마음 밖에는 정토가 없는 줄을 반드시 알아야 한다. 마치 대해에 드러나 있는 수많은 물거품 가운데 어느 한 거품도 바다를 벗어나 있는 경우가 없는 것과 같다. 유심이 정토이므로 정토를 벗어나서는 마음도 없다. 그것은 마치 온갖 미진이 대지에 의거하고 있지만, 어느 한 미진도 대지라고 말할 수 없는 경우와 같다. 또한 반드시 알아야 한다.

先聖은 다음과 같이 말했다.

"생각해보면 이 일심에 사종의 국토가 구비되어 있다. 1) 첫째는 凡聖同居土이고, 2) 둘째는 方便有餘土이며, 3)

---

35) 『楞嚴經』 卷2, (『大正新脩大藏經』 19, pp.110下-111上) 참조.
36) 『楞嚴經』 卷2, (『大正新脩大藏經』 19, p.109上) ; 『大佛頂萬行首楞嚴 經會解』 卷2, (『永樂北藏』 185, p.200上)

셋째는 實報無障礙土이고, 4) 넷째는 常寂光土이다."[37]

　一凡聖同居土者 自分二類 初曰同居穢 次曰同居淨 初同
居穢土者 娑婆之類是也 居其中者有凡有聖 而凡聖各二 凡
居二者 一者惡衆生即四趣也 二善衆生即人天也 聖居二者
一實聖 即四果 辟支 通敎六地 別十住 圓十信後心 通惑雖
盡 報身猶有 皆名實也 二權聖 謂方便實報寂光土中法身菩
薩及妙覺佛 爲利有緣 應生同居 皆是權也 是等與凡共住 故
云凡聖同居 四趣共住 故云穢土也 次同居淨土者 且如極樂
國 雖果報殊勝非餘可比 然亦凡聖同居 何以故 雖無四趣 而
有人天 以生彼土者未必悉是得道之人 如經云 犯重罪者 臨
終懺悔念佛 即得往生 故知雖具惑染 亦得居也 聖居權實類
前可知 但以無四惡趣故名爲淨 或曰 具明土相 復多不同 如
無動界 雖是淨土 猶有男女及須彌等 淨土既其不同 穢土亦
應不等也

　1) 범・성동거토란 여기에 두 종류가 있다.
　첫째는 범・성이 함께 예토에 거주하는 것이고, 둘째는
범・성이 함께 정토에 거주하는 것이다.

---

37) 天台智顗, 『佛說觀無量壽佛經疏』, (『大正新脩大藏經』 37, p.188中) 이하
　　사종정토에 대한 자세한 설명은 본 『佛說觀無量壽佛經疏』 및 『維摩羅
　　詰經文疏』 卷1, [佛國品], (『卍續藏』 18, p.465中) 이하의 내용 참조.

(1) 첫째의 범·성이 함께 예토에 거주하는 경우는 사바세계와 같은 부류가 그것이다. 사바세계에는 범부도 있고 성인도 있어서 범·성이 각각 다르다.

범부의 거주에는 두 가지가 있다.

① 하나는 악중생으로서 수라·아귀·축생·지옥의 네 종류 세상이다.

② 둘은 선중생으로서 인간·천상의 두 종류 세상이다.

성인의 거주에도 두 가지가 있다.

① 하나는 實聖人으로서 수다원·사다함·아나함·아라한의 사과, 벽지불, 통교의 육지, 별교의 십주, 원교의 십신 이후의 心 등인데, 通惑은 다하지 못했을지라도 報身으로 남아있는 까닭에 모두 實聖이라 말한다.

② 둘은 權聖人으로서 말하자면 방편의 성인·실보의 성인·상적광토 가운데의 법신보살·묘각불 등인데, 이들은 중생에게 이익을 주려는 인연으로 응현출생한 경우로서 모두 權聖人이다.

이들은 범부와 더불어 거주하는 까닭에 범·성동거토라 말하는데, 수라·아귀·축생·지옥의 제 종류 세상에 함께 저주하므로 예토라 말한다.

(2) 둘째의 범·성이 함께 정토에 거주하는 경우는 가령 극락국토와 같이 과보의 뛰어남이 다른 것과 비교할 수가 없지만, 그 또한 범부와 성인이 함께 거주한다. 왜냐하면 비록 네 종류의 세상은 없을지라도 인간과 천상이 있기 때문이다. 인간과 천상에 태어난 중생이 반드시 득도한 사람은 아니기 때문이다. 그래서 경전에서는 "중죄를 범한 사람조차도 임종에 이르러 참회하고 염불하면 곧 왕생을 한다."고 말한다.

그러므로 비록 미혹에 물들었을지라도 또한 함께 거주하는 줄을 알아야 한다. 성인의 거주에 權·實의 부류가 있음은 위의 경우에서 알 수가 있을 것이다. 다만 네 종류의 악한 세상이 없는 까닭에 정토라 말한다.

혹 정토의 모습을 자세하게 설명하자면 거기에도 대단히 종류가 많아서 동일하지는 않다. 가령 저 無動界는 비록 정토이기는 할지라도 남·여 및 수미산 등이 있는 까닭에 정토와는 이미 동일하지가 않고, 예토와도 또한 동등하지가 않다.

二方便有餘土者 二乘三種菩薩證方便道者之所居也 何則 若修二觀斷通惑盡塵沙別惑 無明未斷 捨分段身 而生界外 受法性身 即有變易 所居之土名有餘者 無明不斷也 名方便 者 方便行人之所居也 故釋論曰 出三界外有淨土 聲聞辟支 佛出生其中 受法性身 非分段生也

2) 방편·유여토란 이승의 성문·연각·보살의 삼종보살이 방편도를 증득하여 거주하는 국토이다. 왜냐하면 二觀[38]을 닦아서 통혹을 단제하고 塵沙의 별혹도 단제하였지만 아직 무명은 단제하지 못한 까닭이다. 그래서 분단생사의 몸은 초월하였지만 중생계 이외에서 법성신을 받은 즉 변역생사가 남아있어서 거주하는 국토를 有餘라 말한다.

그리고 무명이 단제되지 못한 까닭에 方便이라 말한다. 그래서 방편수행인이 거주하는 곳이기도 하다. 때문에 『석론』에서는 다음과 같이 말한다.

"삼계를 벗어난 곳에 정토가 있다. 성문과 벽지불이 그곳에 태어나는데 법성신을 받은 까닭에 분단생사는 아니다."

三實報無障礙土者 無有二乘 純諸法身菩薩所居 破無明顯法性 得真實果 而無明未盡 潤無漏業 受法性報身 亦名果報國 仁王經云 三賢十聖住果報是也 以觀實相發真無漏所得果報故 名為實 修因無定 色心無礙 故名真實無障礙土 華嚴明因陀羅網世界是也

---

38) 二觀은 인연으로 발생한 事相을 관찰하는 事觀과 만법의 실성을 관찰하는 理觀을 가리킨다.

3) 실·보·무장애토란 이승에는 해당되지 않고, 온전히 제법신보살들이 거주하는 국토이다. 여기에서는 무명을 타파하고 법성을 현성하여 진실한 과보를 터득한다. 여기에서 무명을 완전히 없애지는 못했지만, 무루업을 맛보고 법성의 보신을 수용한 까닭에 또한 果報國土라고 말한다. 『인왕경』에서 말한 '삼현과 십성이 거주하는 과보국토'39)가 바로 이에 해당한다.

실상을 관찰하고 진실한 무루업을 개발함으로써 터득한 과보이기 때문에 實이라 말하고, 인행을 닦고 정해진 틀에 갇혀있지 않으며 色과 心에 無礙하기 때문에 진실무장애 국토라 말한다. 『화엄경』에서 설명한 '인다라망세계'가 이에 해당한다.

四常寂光土者 妙覺極智所照如如法界之理 名之爲國 亦名法性土 但眞如佛性非身非土 而說身土 離身無土 離土無身 名其土者 一法二義 普賢觀毘盧遮那住處名常寂光 前二土是應 卽應佛所居 第三亦應亦報 卽報佛所居 第四但是眞淨 非應非報 法身所居 又云 常卽法身 寂卽解脫 光卽般若 如世伊三點 不縱橫竝別 名祕密藏 諸佛如來所遊居處 眞常究境極爲淨土

---

39) 鳩摩羅什 譯, 『佛說仁王般若波羅蜜經』 卷上, (『大正新脩大藏經』 8, p.828上)

4) 상적광토란 묘각의 極智로써 비추어낸 것으로 여여한 법계의 도리이기 때문에 常寂國이라 말하고, 또한 法性土라 말한다. 무릇 진여불성은 身도 아니고 土도 아니므로 身·土라 설하는데, 身을 떠나서는 국토가 없고 국토를 떠나서는 身이 없다. 그것을 상적광토라 말한 것은 첫째는 法[常·寂·光]이고, 둘째는 義[土]이다.

『보현관경』에서는 비로자나불이 거주하는 곳을 상적광토라 말한다.

앞의 1) 범성동거토와 2) 방편·유여토의 둘은 應으로서 응신불이 계신 곳이고, 3) 실·보·무장애토는 應이면서 또한 報이기 때문에 보신불이 거주하는 국토이다. 4) 넷째의 상적광토만이 진정한 정토로서 응신불도 아니고 보신불도 아닌 법신불이 거주하는 국토이다.

또한 常은 곧 법신이고, 寂은 곧 해탈이며, 光은 곧 반야라고도 말한다. 마치 세간에서 말하는 원이삼점[∴]과 같아서 종으로도 나란하지 않고 횡으로도 나란하지 않으므로 비밀장이라 말한다. 이곳은 제불여래가 所遊하는 거처로서 곧 영원하고[真常] 궁극적인[究境極] 정토이다.

由是觀之 所謂十方微塵國土者 惟吾心中之土也 三世恒沙
諸佛者 惟吾心中之佛也 知此則知無一土不依吾心而建立
無一佛不由吾性而發現 然則十萬億外之極樂 獨非惟心之淨

土乎 極樂國中之敎主獨非本性之彌陀乎

　이런 경우로 말미암아 국토를 관찰해보자면, 소위 시방의 미진국토는 오직 자기 마음속의 국토일 뿐이고, 삼세의 항사제불도 오직 자기 마음속의 부처일 뿐이다. 이로써 이해하자면 곧 어느 한 국토도 자기 마음에 의지하여 건립되지 않는 국토가 없고, 어느 한 부처도 자기 자성을 말미암아 발현하지 않는 것이 없는 줄을 알 수가 있다. 그런즉 십만억 국토를 벗어나 있는 극락정토야말로 어찌[獨] 유심정토가 아니겠고, 극락국토의 교주도 또한 어찌 본성의 아미타가 아니겠는가.

　又當知惟此一心具含十界 身土融通重重無礙 又當知心佛衆生三無差別 生佛互現 念念交參 所以言諸佛心內衆生塵塵極樂 衆生心中諸佛念念彌陀 又云 十方淨穢卷懷同在於刹那 一念色心羅列遍收於法界 並天眞本具 非緣起新成 一念既然 一塵亦爾 故能一一塵中一切刹 一一心中一切心 一一心塵復互周 重重無塵〈盡?〉無障礙 一時頓現非隱顯 一切圓成非勝劣 若神珠之頓含衆寶 猶帝網之交映千光 我心既然 生佛體等 如此則方了 遷神億刹 實生乎自己心中 孕質九蓮 豈逃刹那際內

또한 자기의 일심에 십계가 구족되어 있어서 身과 국토가 융통하여 중중무애한 줄을 반드시 알아야 한다.

또한 마음과 부처와 중생의 셋에는 차별이 없어서 중생과 부처가 互現하고 염념에 交參한 줄을 반드시 알아야 한다. 때문에 제불의 마음속에 있는 중생이 진진의 극락세계이고, 중생의 마음속에 있는 제불이 염념의 미타라고 말한다.

또한 시방의 정토와 예토에 감추어져 있는 모든 것이 다 찰나에 들어있고, 찰나[一念]에 色·心이 나열되어 널리 법계를 收攝한다. 이것은 모두 천진스럽게 본래구족되어 있는 것이지 연기로 새롭게 생기한 것이 아니다.

이미 일념이 그러하거늘 一塵도 또한 그와 같다. 때문에 낱낱의 塵中에 일체의 찰토가 들어있고, 낱낱의 마음에 일체의 마음이 들어 있으며, 낱낱의 心과 塵이 또한 互周하고, 중중무진으로 장애가 없으며, 일시에 전체가 드러나서 隱·顯이 없고, 일체가 원성하여 勝·劣이 없으며, 神株가 갖가지 보배를 가득 담고 있는 것과 같고, 제망이 온갖 광명을 交映하는 것과 같다. 이미 자기의 마음이 그러하거늘 중생과 부처의 體가 평등하다.

이와 같은 줄을 바야흐로 요해하면 마음[神]이 억찰토를 지나가더라도 실로 자기의 마음속에서 탄생하는 것이고, 구품연화대에 왕생하더라도 그것이 어찌 찰나제의 범위를 벗어나겠는가.

又云極樂遍在一切處 擧一而全收也 如帝釋殿上千珠寶網
千珠光影咸入一珠 一珠光影遍入千珠 雖珠珠互遍 此珠不
可爲彼 彼珠不可爲此 參而不雜 離亦不分 一一遍彰 亦無
所在 極樂淨土卽千珠之一 十萬億國亦各千珠之一 至若三
乘人天 下至地獄餓鬼畜生脩羅 一一無非千珠之一 阿彌陀
佛亦千珠直示一珠 見一佛卽見十方諸佛 亦見十方九界眾生
微塵刹海十世古今一印頓圓 無餘法矣 如上所引 皆佛祖聖
賢遞相發揚之明訓也 知此則知諸刹諸塵塵塵皆唯心之極樂
也 一塵一佛佛佛皆本性之彌陀也 復何疑哉

또 말하자면 극락세계는 일체처에 편재하여 하나를 들
면 전체가 거두어진다. 그것은 마치 제석궁전의 千珠의 寶
網과 같아서 千珠의 光影이 모두 一珠에 들어가고, 一珠의
光影이 두루 千珠에 들어간다.
비록 모든 구슬이 서로 편재하더라도[互遍] 이 구슬이
그대로 저 구슬이 되지 못하고 저 구슬이 그대로 이 구
슬이 되지는 못한다. 곧 모습이 뒤섞여 있으면서 실체
는 뒤섞여있지 않고, 모습이 떨어져 있어도 나뉘지 않
는다. 낱낱이 널리 뚜렷하면서도[遍彰] 또한 소재하는
곳이 없다.

극락정토가 곧 千珠 가운데 하나이고, 십만억 국토도 또한 千珠 가운데 하나이며, 내지 삼승과 인·천으로부터 아래로는 지옥·아귀·축생·수라에 이르기까지 낱낱이 千珠 가운데 하나 아닌 것이 없고, 아미타불 역시 千珠 가운데 一珠를 直示한 것이다. 때문에 일불을 친견하면 곧 시방제불을 친견하고, 또한 시방의 구계중생을 보면 미진의 찰해와 십세의 고금이 一印에 頓圓하여 그 속에 포함되지 않은 법이 없다.

위에서 인용한 것은 모두 부처님과 조사와 성인과 현인들이 번갈아서 발양했던 명백한 가르침들이다. 그러므로 이와 같은 줄 알면 곧 諸刹과 諸塵의 塵塵이 모두 유심의 극락이고, 一塵과 一佛의 佛佛이 모두 본성의 미타인 줄을 알게 되된다. 그러니 어찌 다시 그것을 의심하겠는가.

問曰 既謂淨穢融通塵塵極樂 何娑婆獨不免於穢耶 答曰 凡夫業感即淨而穢 佛眼所觀即穢如淨 豈釋迦報境而果穢哉

5. 사바세계는 중생의 업보로 인한 예토일 뿐이다.

묻는다 :
이미 정토와 예토가 융통하여 진진이 극락이라면서 어

째서 사바세계에서만은 유독 예토를 벗어나지 못하는 것입니까.

답한다 :

범부의 경우는 업혹으로 인하여 정토에 즉해서도 그것이 예토일 뿐이지만, 불안으로 관찰하면 예토에 즉해서도 그것이 정토와 같다. 그러니 어찌 석가모니의 과보로 이루어진 경계의 결과가 예토이겠는가.

問曰 含攝無餘 吾信惟心之大矣 圓融無礙 吾信惟心之妙矣 柰何尙滯迷情 未離穢業 則吾惟心之土何由淨耶 答曰 心垢土垢 心淨土淨 故維摩經云 欲得淨土 當淨其心 隨其心淨 則佛土淨 夫欲淨其心有〈者?〉 捨淨土之修法 他無能焉

6. 정토의 수행법은 마음을 청정하게 유지하는 것이 최고다.

묻는다 :

일심 가운데에 모든 것이 남김없이 포함되어 있다고 하니 저는 유심의 大를 믿고, 일심은 원융하여 무애하다고 하니 저는 유심의 妙를 믿습니다. 그러나 저는 오히려 迷情에 머물러 있어서 아직도 예토를 벗어나지 못하고 있습니다. 그런즉 저의 유심의 국토는 무엇을 말미암아야 정토가 되는 것입니까.

　답한다 :

　마음이 더러우면 국토도 더럽고 마음이 청정하며 국토도 청정하다.

　때문에 『유마경』에서는 다음과 같이 말한다.

　"정토를 터득하고자 하면 반드시 자기의 마음을 청정하게 해야 한다. 자기의 마음이 청정함을 따라서 곧 불국토가 청정해진다."[40]

　대저 자기의 마음을 청정하게 하려는 자라면 정토의 수행법을 버리고서는 달리 방법이 없다.

　問曰 淨土修法其詳可得聞乎 答曰 淨土無修 修因迷有 法無高下 高下由根 根有多珠 修分多類 攝其多類總有三門 一曰觀想 二曰憶念 三曰眾行 皆依極樂彌陀以為之主也

7. 정토수행의 방법에 삼종이 있다.

　묻는다 :

　정토의 수행법에 대하여 자세하게 들어볼 수가 있겠습니까.

---

40) 鳩摩羅什 譯, 『維摩詰所說經』 卷上, (『大正新脩大藏經』 14, p.538下)

답한다 :

정토는 본래 특별한 수행법이 없는데 수행법이란 미혹을 인하여 있는 것이고, 법에는 고·하가 없는데 고·하는 근기를 말미암은 것이다. 근기는 다양하고 다르기 때문에 수행법도 다양한 부류로 나뉜다.

그 다양한 부류를 섭수하면 전체적으로 삼문이 있다.

첫째는 觀想法이고, 둘째는 憶念法이며, 셋째는 衆行法인데, 이들 모두는 극락세계의 아미타불에 의거하는 것이 수행법의 중심[主]이 되어 있다.

一曰觀想者 如觀經云 諸佛如來是法界身 入一切衆生心想中 是故汝等心想佛時 是心即是三十二相八十隨形好 是心作佛 是心是佛 諸佛正遍知海從心想生 是故應當一心繫念諦觀彼佛 天台疏曰 諸佛如來下泛明諸佛 是故應當下遍觀彌陀 法界身者報佛法性生也 衆生心淨法身自在 故云〈言=〉入 如白日昇天影現百川 明佛身自在能隨物現也 又法界身是佛身無所不遍 法界爲體 得此觀佛三昧 解入相應 故云〈言=〉入心想也 是心作佛者 佛本是無 心淨故有 是心是佛者 向聞佛本是無心淨故有 便謂倏然〈有異+?〉 故云即是〈心外無佛 亦無佛之因也+?〉 始覺〈學?〉名作 終成即是佛

7.-1) 觀想하는 주체를 알아야 곧 시심작불이고 시심시불이다.

첫째는 觀想法이다. 이와 관련하여 『관무량수경』에서 다음과 같이 말한다.

"제불여래는 곧 법계의 몸으로 일체중생의 心想에 들어 있다. 이런 까닭에 그대들의 心想이 부처일 경우에 그 心은 곧 32상이고 80수형호로서 그 心이 부처가 된다. 그 心이 곧 부처이므로 제불의 正遍知海도 心想으로부터 발생한다. 이런 까닭에 반드시 일심으로 집중하여 저 부처를 자세하게 관찰해야 한다."[41]

천태지의는 『불설관무량수불경소』에서 다음과 같이 말한다.

"여덟째로 像想에 세 가지가 있음을 설명한다.

첫째는 무릇 제불법신이 자재함도 心想으로부터 발생한 것임을 설명한다.

둘째는 '그러므로 반드시' 이하에서는 널리 저 아미타불을 관찰하고 아울러 그 관행법을 보여준다.

셋째는 '이와 같이 관찰하는 자는' 이하에서는 관법을 닦아서 얻는 이익을 설명한다.

법계신이란 보불로서 법성신을 말한다. 중생의 마음이

---

41) 畺良耶舍 譯, 『佛說觀無量壽佛經』, (『大正新脩大藏經』 12, p.343上)

청정하면 그것이 곧 법신으로서 자재하기 때문에 그것을 가리켜 중생의 心想에 들어있다고 말한다. 마치 태양이 하늘에 높이 떠오르면 그 모습이 온갖 강물에 비취는 것과 같다. 곧 32상과 80종호는 佛身이 자재함을 설명한 것이고, 온갖 사물을 따라서[能隨] 현전하는 것은 불보살을 설명한 것인데 이것은 마음대로 따름을[能隨] 드러낸 것이다. 또한 법계신은 곧 불신으로서 편재하지 않음이 없어서 법계를 體로 삼고 일체중생의 心想에 들어있다.

이와 같은 관불삼매를 터득하여 이해와 깨침[解·入]이 상응하는 까닭에 중생의 心想에 들어있다고 말한다. 이 마음이 부처가 된다[是心作佛]는 경우는 부처는 본래 無이지만 마음이 청정한 까닭에 有이고, 또한 이 16관상법의 삼매를 인유하여 마음이 종국에 '作佛'로 성취된다는 것이다. 그러나 이 마음이 곧 부처다[是心是佛]는 경우는 저 '부처는 본래 無이지만 마음이 청정한 까닭에 有이다.'는 말을 들으면 문득 도리에 맞지 않다고 말한다. 때문에 곧 '卽과 是'로 나누어 말한다. 마음 밖에는 부처가 없고 또한 부처의 因도 없지만 비로소 알아차리므로 '作'이라고 말한다. 그것이 종국에는 '卽·是의 부처'라는 말로 성취된다."[42]

---

42) 天台智者大師說, 『佛說觀無量壽佛經疏』, (『大正新脩大藏經』 37, p.192 中)에 의거하여 내용을 보충함. "第八明像想中有三 初汎明諸佛法身自 在從心想生 二是故應當下 遍觀彼彌陀 幷示觀行 三作是觀者下 明修觀 獲利也 法界身者 報佛法性身也 衆生心淨法身自在 故言入衆生心想中

妙宗釋曰 欲想佛身 須知觀體 體是本覺 起成能觀〈依體立宗斯之謂矣 須知+?〉本覺乃是諸佛法界之身 以諸如來無別所證全證眾生本性故也 若始覺有功 本覺乃顯 故云法身從心想生 又復彌陀與一切佛 一身一智應用亦然 彌陀身顯即諸佛身 諸佛相明即彌陀體 是故泛明生諸佛身 以為觀察彌陀觀體 從法界身下 是約感應道交釋 從又法界身下 約解入相應釋

『묘종초』에서는 다음과 같이 해석하여 말한다.

"佛身을 觀想하려면 모름지기 관상하는 體를 알아야 한다. 體는 곧 본각으로서 이미 발기되고 성취되어 있는[起成] 能觀이다. 體에 의거하여 종지를 내세운다는 것은 바로 이것을 말한다. 본각은 이에 제불 및 법계의 身인 줄 반드시 알아야 한다. 제여래는 차별이 없는 깨침인데 모든 깨침은 중생의 본성이기 때문이다.

만약 시각에 공능이 있으면 본각이 이에 현현한다. 그러므로 법신은 心想에서 발생한다고 말한다. 또한 아미타와 일체불은 동일한 몸이고 동일한 지혜로서 그 응용도 또한 마찬가지이다. 따라서 아미타의 몸이 현현하면 곧 그것이

如似白日昇天影現百川 卽是三十二相八十種好 明佛身自在 能隨物現前 明佛菩薩此顯能隨也 又法界身是佛身 無所不遍法界爲體 入一切眾生心想中者 得此觀佛三昧解入相應 故言入心想中也 是心作佛者 佛本是無心淨故有 亦因此三昧 心終成作佛也 是心是佛者 向聞佛本是無心淨故有 便謂條然有異 故言卽是 心外無佛亦無佛之因也 始學名作終成卽是佛"

제불의 몸이고, 제불의 상호가 분명하면 그것이 곧 아미타의 몸이다. 이런 까닭에 무릇 분명하게 諸佛身을 발생시키는 것이야말로 아미타불을 관찰하는 것으로서 관상하는 體가 된다."[43]

'法界身으로부터' 이하 부분은 感應道交[44]에 의거하여 해석한 것이다.

'또한 法界身으로부터' 이하 부분은 이해와 깨침[解 · 入]이 상응한 것에 의거하여 해석한 것이다.

融心解云 若無初釋則觀非觀佛 若無次釋則生佛體殊 二釋相成 是今觀法 妙宗又曰 今之心觀非直於陰觀本性佛 乃託他佛顯乎本性 故先明應佛入我想心 次明佛身全是本覺 故應佛顯 知本性明 託外義〈儀?〉成 唯心觀立 若論作是〈之義者+?〉 即不思議三觀也 以若破若立皆名為作 空假二觀也 不破不立名之為是 中道觀也 全是而作 則三諦俱破 三諦俱立 全作而是 則於三諦俱非破非立 即中之空假名作 能破三惑 能立三法 故感他佛三身圓應 能成我心三身當果 即空假之中名是則全惑即智 全障即德 故心是應佛 心是果佛 故知作是一心修此三觀 十六觀之總體一經之妙宗也

___

43) 四明知禮 述, 『觀無量壽佛經疏妙宗鈔』 卷4, (『大正新脩大藏經』 37, pp.219下-220上)
44) 感應道交는 불심이 중생의 마음속에 들어가고 중생이 그것을 느껴 서로 통하는 것을 말한다.

『융심해』에서는 다음과 같이 말한다.

"만약 처음의 해석이 없다면 곧 부처를 관상해도 관상할 수가 없다. 만약 다음의 해석이 없다면 곧 중생과 부처의 體가 다를 것이다. 여기에서는 두 가지 해석을 相成하여 법을 관찰한다."[45]

『묘종초』에서는 또 다음과 같이 말한다.

[지금 말하는 일심삼관[心觀]은 오음관[陰觀]의 본성불일 뿐만 아니라, 또한 타불에 의탁하여 본성이 현현된 것이다. 때문에 먼저 응화불이 나 자신의 心想에 들어있는 것을 설명하고, 다음으로 불신의 전체가 곧 본각임을 설명한다. 때문에 응화불이 현현해야 본성이 영명함을 알게 되므로 밖으로 나타나는 형상[外儀]의 성립에 의탁해야만 유심관이 성립된다.

만약 '作'과 '是'에 대하여 논하자면, 부사의삼관에 즉하여 타파하거나 내세우는 것은 모두 '作'이라고 말하는데 공관과 가관이 그것이고, 타파하지 않거나 내세우지 않는 것은 모두 '是'라고 말하는데 중도관이 그것이다.

全是하여 '作'하는 것은 곧 三諦를 모두 타파하는 것과 三諦를 모두 내세우는 것이고, 全作하여 '是'하는 것은 곧 三諦를 모두 타파하지 않고 내세우지 않는 것이다. 그래서

---

45) 四明知禮 述, 『觀無量壽佛經融心解』, (『卍續藏』 22, p.334上)

중도에 즉한 공·가를 '作'이라 말하는데, 이 경우는 삼혹을 타파하고 삼법을 내세운다. 때문에 저 부처의 삼신이 원융함을 감득하여 我心이 삼신의 當果임을 성취한다. 그리고 공·가에 즉한 중도를 '是'라 말하는데, 이 경우는 全惑이 곧 智이고 全障이 곧 德이다. 때문에 心이 그대로 應佛이고 心이 그대로 果佛이다. 때문에 '作'과 '是'의 일심으로 이 공·가·중의 삼관을 닦는 것이 16관법의 총체로서 이 관무량수경의 妙宗인 줄을 알게 된다.]46)

又曰 此觀能令四佛土淨 如是方為此經宗致 乃至云 以此經本為韋提希 厭同居穢 求同居淨 故談妙觀 觀彼依正〈那得輒云感同居淨不須三觀+?〉三觀若成 麁垢先落 非有餘淨更生何處〈豈有餘淨非妙觀耶+?〉須知正為生同居淨 故說三觀 良由觀妙 能破三惑 不獨感於同居淨土 隨其惑斷淺深之處 自然感得有餘等三 如病須藥 本為身安 求得仙方修合服之 不但身安 兼能輕骨 身安可喻生同居淨 輕骨可喻感上三土 只是一藥 効乃深勝 如一妙觀能淨四土

또 다음과 같이 말한다.
["이 心觀은 네 가지 불국토를 청정하게 하는데, 이것이

야말로 바야흐로 관무량수경의 宗致이다."

내지 다음과 같이 말한다.

"이 관무량수경은 본래 위제휘 부인이 同居穢土를 멀리 하고 同居淨土를 추구한 까닭에 묘관을 말한 것인데, 그것 은 저 依·正을 관찰하는 것이다. 그런데 同居淨土를 감득 하는 것에 삼관이 필요하지 않다고 어찌 그렇게 쉽게 말할 수 있겠는가. 만약 삼관이 성취된다면 거친 번뇌가 먼저 탈락되어 유여정토가 없거늘, 다시 어느 곳에 환생하겠는 가. 그러니 어찌 유여정토가 묘관이 아니겠는가.

正業은 同居淨土에 환생하는 까닭에 삼관을 설한 줄을 모름지기 알아야 한다. 진실로 묘관의 관찰을 말미암아야 삼혹을 타파하는 것이지, 삼관 가운데 일관으로는 同居淨 土를 감득하지 못한다. 그 미혹의 단절을 따라서 深·淺 의 거처가 자연히 유여정토 등 세 가지 정토로 감득된다. 병에 걸리면 반드시 약을 쓰는 것은 본래 몸을 편안하게 하는 것처럼 仙方을 구하여 합당하게 복용하면 몸이 편안 할 뿐만 아니라 아울러 몸이 강직하게 된다. 몸이 편안하 다는 것은 同居淨에 환생하는 것을 비유한 것이고, 몸이 강직하다는 것은 위의 세 가지 국토로 감득함을 비유한 것 이다. 다만 그 한 가지 약은 효능이 매우 뛰어나서 마치 한 가지 묘관으로 네 가지 정토를 청정하게 만드는 것과 같다."]47)

解云 韋提本欲捨穢取淨 而佛示觀法 捨穢必盡 顯淨無遺
如月蓋為免舍離果報之病 故請觀音及乎宣呪 乃能消伏三毒
之根 具足五眼之果 故一心三觀求生淨土者 以三惑為穢土
之因 以三諦為淨土之果 故別惑盡則寂光淨究竟三諦也 別
惑未盡則實報淨分證三諦也 云云 如上所明一心三觀能破三
惑能淨四土 其或未破而生安養同居者 託勝增修 則有餘等
三淨可待矣 且教有云 五濁輕重同居淨穢 而圓觀輕濁所感
同居依正最淨 比修戒善及餘經眾善感安養土 其相天殊 故
天台宗以圓觀為定善也

『관무량수불경융심해』에서는 다음과 같이 말한다.

"위제휘 부인이 예토를 버리고 정토를 취하려는 것에 근
거하여 부처님께서 관법을 제시함으로써 반드시 예토를
모두 버리고 남김없이 정토를 드러낸다. 마치 월개장자가
비사리국에서 벌어졌던 과보의 병을 벗어나기 위한 까닭
에 관음보살에게 간청하여 주력을 펼치자, 이에 삼독의 근
원이 소멸되고 오안의 과보가 구족된 것과 같다.[48] 때문에
일심삼관으로 정토에 왕생하기를 추구하는 자에게 삼혹은
예토의 인이 되고 삼제는 정토의 과가 된다. 때문에 별혹

---

47) 四明知禮 述, 『觀無量壽佛經疏妙宗鈔』 卷3, (『大正新脩大藏經』 37,
    pp.210中-212上)
48) 法喜 譯, 『請觀世音菩薩消伏毒害陀羅尼呪經』, (『大正新脩大藏經』 20,
    p.34下) 참조.

이 다 없어지면 곧 적광정토의 구경삼제(온전하게 삼제를 증득함)가 되지만, 별혹이 다 없어지지 않으면 곧 실보정토의 분증삼제(부분적으로 삼제를 증득함)가 된다. 운운."[49]

위에서 설명한 것처럼 일심삼관은 삼혹을 타파하고 네 국토를 청정하게 한다.

혹 삼혹을 모두 타파하지 못하였지만 안양동거토에 왕생한 자가 뛰어난 가르침에 의탁하여 수행을 계속하면 곧 유여정토 등 세 가지 정토를 기대할 수가 있다.

또한 교학에서는 다음과 같이 말한다.

"오탁의 악세에서는 輕·重의 업이 있어서 정토와 예토가 동거하지만, 원관의 세계에서는 輕·濁의 업으로 이루어진 동거토의 의보와 정보야말로 가장 청정한 세계이다."[50]

修와 戒와 善 및 그 밖의 것을 비교해보면 경전에서는 갖가지 善으로 인하여 안양국토에 감응되는데, 그 모습은

---

49) 四明知禮 述, 『觀無量壽佛經融心解』, (『卍續藏』 22, p.333中) 참조.

50) "오탁의 악세에서는 輕·重의 업이 있어서 정토와 예토가 동거하지만, 원관의 세계에서는 輕·濁의 업이 의보와 정보에 동거하는 가장 청정한 세계이다."의 대목은 『觀無量壽佛經疏妙宗鈔』 卷2, (『卍續藏』 22, p.290上) "五濁輕薄 感同居淨 而圓觀輕濁 感同居淨 依正名淨"; 『觀無量壽佛經疏妙宗鈔』 卷3, (『大正新脩大藏經』 37, p.210中); 『樂邦文類』 卷4, (『大正新脩大藏經』 48, p.198下) "五濁輕薄 感同居淨 而圓觀輕濁 感同居淨 依正最淨"; 天台智顗, 『觀無量壽佛經疏』, (『大正新脩大藏經』 37, p.188中) 등의 대목과 비교해석이 필요하다.

하늘과 땅만큼이나 차이가 있다. 때문에 천태종에서는 圓觀으로써 定善을 삼는다.

二曰憶念者 或緣相好 或持名號 皆名憶念 而有理有事 如華嚴解脫長者云 我若欲見安樂世界無量壽如來 隨意即見 如是十方一切世界所有如來我若欲見 隨意即見 我能了知一切如來國土莊嚴神通等事 無所從來 亦無所至 無有行處 亦無住處 亦如己身 無來無去 無行住處 然彼如來不來至此 我不往彼 知一切佛及與我心皆如夢故 如夢所見從分別生 見一切佛 從自心起 又知自心 如器中水 悟解諸法 如水中影 又知自心 猶如幻術 知一切佛 如幻所作 又知自心諸佛菩薩 悉皆如響 譬如空谷隨聲發響 悟解自心 隨念見佛 我如是知 如是憶念 所見諸佛皆由自心 貞元疏曰 無所從來下正辨惟心 即心無心便入真如 了彼相虛 惟心現故 既了惟心 了心即佛 故隨所念無非佛矣 下列四喻 通顯惟心 喻無來往 別喻兼明不出入等 四喻皆具四觀 一正是惟心 二惟心故空 三惟心故假 四惟心故中融而無礙 即華嚴意 夢喻不來不去 影喻不出不入 幻喻非有非無 響喻非合非散 又如般舟經 教修佛立三昧 專念彌陀 其略云 常念彼佛 譬如夢見金寶親屬相與娛樂等 永明曰 此喻惟心所作 即有而空故無來去 又如幻非實 則心佛兩忘 而不無幻相 則不壞心佛 空有無礙 即無去來 不妨普見 見即無見 常契中道 是以佛實不來, 心亦不

去, 感應道交, 唯心自見 如造罪眾生, 感地獄相 是以佛實
不來 心亦不去 感應道交惟心自見 又如楞嚴大勢至云 若子
憶母 如母憶時 母子歷生 不相違遠 至我本因地以念佛心入
無生忍 雪川以理事判之曰 觀其母子相憶之喻 則是同居事
相而已 觀其自證無生法忍則念佛心 不可單約事相而解 念
存三觀 佛具三身 心破三惑 無生忍位乃可入焉 又如彌陀經
云 執持名號 至一心不亂 淨覺曰 一心不亂例前妙觀同名正
受 即定心定善也 據往人之論 則有理事 若達此心 四性不生
與空慧相應 是理一心 若用心存念 念念不間 名事一心也 真
歇亦曰 一心不亂兼含理事 若事一心人皆可以行之 由持名
號心不亂故 如龍得水 似虎靠山 此即楞嚴 憶佛念佛 現前
當來必定見佛 去佛不遠 不假方便自得心開 連攝中下二根
之義也 若理一心亦非他法 但將阿彌陀佛四字做箇話頭 二
六時中直下提撕 不以有心念 不以無心念 不以亦有亦無心
念 不以非有非無心念 前後際斷一念不生 不涉階梯徑超佛
地 余嘗評之 不以有心念等文有四節 可配三觀 初節配空 次
節配假 第三雙離 第四雙即 雙離雙即可配中觀 蓋彼中觀亦
含遮照之義也 合而言之 無非以修契性 顯其當處即空 全體
即有亦非空有亦是空有 不可湊泊 不可擬議 心路絕處 即名
為佛 如上略舉數條通名憶念 而各分理事 其理〈憶+?〉念者
與圓觀同 能破三惑 能淨四土 此攝上上根也 若其事相〈憶?〉
念者 近則感同居淨 遠則可為上三土之因耳 降此以下事相

不等 如諸經所說 或一生繫念 或三月繫念 或晨朝十念 或七七日念 或十日十夜六時中念 或一日一夜不斷專念 加以深信之力淨願之力佛加被力 皆生極樂 又下而至逆惡凡夫 臨終十念亦許得生 此攝中根及下下根也

7.-2) 상호를 인연하고, 명호를 수지한다.

둘째는 憶念法이다. 이와 관련해서는 상호를 인연하기도 하고, 명호를 수지하기도 하는데, 이것을 모두 억념법이라 말한다. 여기에는 理의 경우가 있고 事의 경우가 있다.

『화엄경』에서 해탈장자는 다음과 같이 말한다.

"제가 만약 안락세계의 무량수여래를 친견하고자 하면 마음대로 곧 친견합니다. 이와 같이 시방의 일체세계의 모든 여래를 제가 만약 친견하고자 한다면 마음대로 친견합니다. 제가 일체여래의 국토 및 그 장엄·신통 등에 대하여 온 곳도 없고, 또 이르는 곳도 없으며, 가는 곳도 없고, 또 주처도 없으며, 또 자기의 몸처럼 오지도 않고, 가지도 않으며, 가는 곳과 주처도 없는 줄을 압니다.

그러나 그 여래께서는 여기에 오시지도 않았고, 저도 또한 그곳에 가지도 않았습니다. 왜냐하면 일체의 부처님과 제 마음은 모두 꿈과 같기 때문입니다. 저 꿈에서 본 것은 분별심에서 발생한 것이고, 일체불을 친견한 것도 자심에서 일어난 것입니다.

또한 자심을 아는 것도 그릇속의 물과 같고, 제법을 悟解하는 것은 물에 비친 달모습과 같습니다.

또한 자심을 아는 것은 마치 허깨비가 부리는 술법과 같고, 일체불을 아는 것은 마치 허깨비가 만들어낸 것과 같습니다.

또한 자심 및 모든 불보살을 아는 것은 모두 다 메아리와 같습니다. 비유하면 빈 계곡에서 소리를 따라 메아리가 울리는 것과 같이 자심을 悟解하고 마음대로 부처님을 친견합니다. 제가 이와 같이 알고, 이와 같이 억념하며, 친견하는 제불은 모두 자심을 말미암습니다."51)

또한 "청량의 『정원소』에서는 다음과 같이 말한다. '그여래께서는 여기에 오시지도 않았고'의 대목 이하부터는 惟心을 正辨한 것이다. 곧 마음이 무심해야 곧 진여에 들어가서 저 相이 虛임을 안다는 것이다. 오직 마음이 드러난 까닭이다."52)고 말한다. 이처럼 이미 유심인 줄을 아는데, 마음을 알면 곧 부처이다. 때문에 念마다 부처 아님이 없다. 그 이하에서 열거한 네 가지 비유는 모두 유심에 통한다. 오고 감이 없다는 비유는 別喩로서 아울러 출·입

---

51) 『大方廣佛華嚴經』 卷63, (『大正新脩大藏經』 10, p.339下)
52) 『樂邦文類』 卷1, (『大正新脩大藏經』 47, p.159上)

등을 설명한 것이다.

네 가지 비유는 모두 四觀을 갖추고 있다.

첫째는 바로 유심 자체이다. 둘째는 유심인 까닭에 空이다. 셋째는 유심인 까닭에 假이다. 넷째는 유심인 까닭에 中이다. 그래서 融이지만 無礙로서 화엄의 뜻에 즉한다.

꿈은 불래·불거를 비유하고, 달모습은 불출·불입을 비유하며, 허깨비는 비유·비무를 비유하고, 메아리는 비합·비산을 비유한다.

또한 저 『반주삼매경』에서는 오로지 아미타불에만 전념하는 佛立三昧의 수행을 가르친다. 그것을 간략하게 말하면 '항상 아미타불을 염한다. 비유하면 꿈에서 금과 보배를 보거나 친척들과 서로 오락을 하는 경우와 같다.'는 것이다.

영명연수는 다음과 같이 말한다.

"이것은 유심의 소작을 비유한 것이다. 곧 유이면서 공인 까닭에 來·去가 없다. 또한 幻은 實이 아닌 즉 心과 佛의 둘을 잊어야 한다. 그러나 幻相 아님이 없은 즉 心과 佛은 不壞이다. 空과 有가 무애인 즉 거·래가 없고, 普見에 방해가 없으므로 견이 곧 무견으로서 항상 중도에 계합된다. 이런 까닭에 부처님은 실제로 온 적이 없고, 마음은 또한 간 적이 없다. 이처럼 感應道交[53]하는 것도 유심이

---

53) 感應道交는 중생이 부처의 應現에 통하고 부처가 중생의 機感에 통하는 것을 말한다.

스스로 본다. 그것은 마치 죄를 지은 중생이 지옥의 모습을 보는 것과 같다."[54]

또한 저 『능엄경』에서 대세지보살은 다음과 같이 말한다.

"만약 어린 아이가 엄마를 생각하는 것이 마치 엄마가 아이를 생각하듯이 한다면 모·자가 몇 생을 거쳐도 서로 어긋나서 멀어지는 법이 없다."[55]

나도 과거에 인지에 이르러 염불함으로써 마음이 무생법인에 들어갈 수가 있었다.

[합천(霅川)은 그것을 理와 事로써 판별하여 다음과 같이 말한다.

"그 모·자가 서로 생각하는 비유를 관찰하자면 곧 그것은 동거토의 事相이었다. 그러나 그가 이미 자증한 무생법인을 관찰하자면 곧 염불하는 마음이었다. 그러므로 오직 [單] 事相에 의거해서만 해석해서는 안된다. 念에는 三觀이 있고, 佛에는 三身이 있으므로, 마음에서 삼혹을 타파해야만 무생법인에 들어갈 수가 있다."

또한 『아미타경』에서는 다음과 같이 말한다.

"명호를 붙들고 일심불란의 경지에 이르러야 한다."

淨覺은 다음과 같이 말한다.

---

54) 『万善同歸集』卷上, (『大正新脩大藏經』48, p.967上-中)
55) 可度 箋, 『大佛頂首楞嚴經』卷第五下, (『卍續藏』11, p.1019下)

"일심불란의 예는 앞의 妙觀과 同名인 正受로서 곧 定心이고 定善이다. 왕생한 사람에 의거하여 그것을 논하자면 곧 理(理의 일심불란)와 事(事의 일심불란)가 있다. 만약 그 마음[一心]에 통달하면 내·외·심·경의 四性이 발생하지 않고 空慧와 더불어 상응하는데 그것이 理一心이다. 만약 용심을 念에 두면 염념에 간단이 없는데 그것을 事一心이라 말한다."]56)

[진헐청료는 또한 다음과 같이 말한다.

"일심불란에는 理와 事가 아울러 포함되어 있다. 만약 事一心不亂의 경우라면 모든 사람이 그것을 실천할 수가 있다. 명호를 지님으로써 마음이 산란하지 않게 되기 때문이다. 그것은 마치 용이 물을 만난 것과 같고 호랑이가 산을 버티고 있는 것과 같다. 이것을 능엄경에 의해 말하자면 억불이고 염불에 해당한다. 현전 및 당래에 반드시 견불할 수가 있고, 과거의 부처도 멀지 않기 때문에 방편에 의지하지 않고 스스로 心開를 터득한다. 여기에는 아울러 중·하근기의 뜻까지도 섭수되어 있다.

理一心不亂의 경우도 또한 다른 법이 아니다. 무릇 아미타불이라는 네 글자를 가지고 그것을 화두로 삼아서 하루

---

56) 『樂邦文類』 卷1, (『大正新脩大藏經』 47, p.153下) 참조.

종일 곧바로 提撕하되, 유심으로 念하지도 말고, 무심으로 念하지도 말며, 역유심역무심으로 念하지도 말고, 비유심 비무심으로 念하지도 말라. 그리하여 전·후제가 단절되고 일념불생하여 階梯를 거침이 없이 곧바로 불지에 뛰어들어야 한다."]57)

나[천여유칙]는 일찍이 이것을 평하여 '유심으로 念하지도 말고, 무심으로 念하지도 말며, 역유심역무심으로 念하지도 말고 비유심비무심으로 念하지도 말라.'58)는 四節에 대하여 삼관에 배대하였던 적이 있다.

곧 초절은 空에 배대하고, 제이절은 假에 배대하며, 제삼절은 雙離에 배대하고, 제사절은 雙即에 배대하였다. 쌍리와 쌍즉은 中觀에 배대된다. 무릇 그 中觀의 경우도 또한 遮와 照의 뜻이 포함되어 있다.

종합하여 그것을 말하자면 다음과 같다.

"수행으로써 자성에 계합되지 않은 바가 없다. 그 당처는 即空이지만 전체적으로는 即有이고, 또한 공·유가 아

57) 『西方直指』 卷上, (『卍續藏』 61, p.628中-下)
58) 『楞嚴經圓通疏』 卷5, (『卍續藏』 12, p.826中) "一心不亂有二義一者事一心 口中執持名號以心繫緣佛聲心心相續念念不忘深信淨土志趣西方無有剎那間斷名事一心 二者理一心 了達佛非心外之佛心非佛外之心 離能所絕待對 不以有心念不以無心念不以亦有亦無心念不以非有非無心念能如是念則終日念即終日無念" 참조.

니지만 또한 공·유이기도 하다. 그래서 한 곳에 모을 수
도 없고 擬議할 수도 없어서 심로가 단절된 도리임을 드러
낸 것인데, 그것을 곧 佛이라 말한다."59)

위에서 간략하게 언급했던 여러 가지를 통칭 억념이라
말하는데, 각각 理憶念과 事憶念으로 나뉜다.

이억념이란 圓觀과 동일하여 삼혹을 타파하고 四土를
청정하게 만드는데, 이것은 상상근기를 섭수한다. 그러나
만약 그 사억념의 경우는 가까운 즉 동거정토에 감응하지
만, 면즉 가히 위로 三土의 因만 될 뿐이다. 그래서 그 아
래로는 이하의 事相에서 평등하지 않다.

모든 경전에서 설한 바처럼 혹 일생 동안 繫念하거나,
혹 3개월 동안 繫念하거나, 혹 아침과 저녁으로 10념을 하
거나, 혹 49일 동안 염불하거나, 혹 10일 10야 동안 6시로
염불하거나, 혹 1일 1야 동안 끊임없이 전념하면 가히 深
信의 力과 청정한 願力과 佛의 加被力으로써 모두 극락세
계에 왕생을 한다. 또한 아래로는 역악범부에 이르기까지
도 임종시에 10념을 하면 또한 왕생을 한다.

이러한 것들은 중·하근기 및 하하근기까지 섭수되어 있다.

三曰眾行者 如華嚴經普賢菩薩勸進善財童子海會大眾 發
十大願 一者禮敬諸佛 二者稱讚如來 三者廣修供養 四者懺

悔業障　五者隨喜功德　六者請轉法輪　七者請佛住世　八者當
隨佛學　九者恒順眾生　十者普皆回向　其一一願皆云　虛空界
盡　眾生界盡　眾生業盡　眾生煩惱盡　我願乃盡　而虛空界乃
至眾生業煩惱不可盡　故我此願王無有窮盡　念念相續無有間
斷　身語意業無有疲厭　至臨命終時　最後剎那一切諸根悉皆
散壞　一切威勢悉皆退失　輔相大臣宮殿內外象馬車乘珍寶伏
藏無復相隨　惟此願王不相捨離　於一切時引導其前　一剎那
間即得往生極樂世界　到已即見阿彌陀佛　其人自見生蓮華中
蒙佛授記　得授記已　經無數劫　普於十方不可說不可說世界
以智慧力　隨眾生心而為利益　乃至能於煩惱大苦海中　拔濟
眾生令其出離皆得往生極樂世界　又如法華經云　聞是經典
如說修行　於此命終　即往安樂世界阿彌陀佛大菩薩眾圍繞住
處　生蓮花中寶座之上　不復為貪欲所惱　亦復不為瞋恚愚癡
所惱　亦復不為憍慢嫉妬諸垢所惱　得菩薩神通無生法忍　又
如大寶積經　發十種心往生極樂　佛告彌勒　如是十心非諸凡
愚不善丈夫具煩惱者之所能發　何者為十　一者於諸眾生起於
大慈無損害心　二者於諸眾生起於大悲無逼惱心　三者於佛正
法不惜身命樂守護心　四者於一切法發生勝忍無執著心　五者
不貪利養恭敬尊重淨意樂心　六者求佛種智於一切時無忘失
心　七者於諸眾生尊重恭敬無下劣心　八者不著世論於菩提分
生決定心　九者種諸善根無有雜染清淨之心　十者於諸如來捨
離諸相起隨念心　是名菩薩發十種心　由是心故當得往生　若

人於此十心隨成一心 樂欲往生彼佛世界 若不得生無有是處
又如觀經云 欲生彼國者當修三福 一者孝養父母 奉事師長
慈心不殺 修十善業 二者受持三歸具足衆戒 不犯威儀 三者
發菩提心 深信因果 讀誦大乘 勸進行者 此三種業過去未來
現在諸佛淨業正因 疏曰 初業共凡夫 次業共二乘 後業乃大
乘不共之法也 又如大本三輩發菩提心及諸經論所明 誦經持
呪 建塔造像 禮拜讚頌 奉持齋戒 燒香散華 懸繪幡蓋 凡一
行一事足以求生者 資之以信願回向之力 無不生也 如上泛
引 通名衆行 然願行既有大小之不等 而又各有理事之不同
且如華嚴十願寶積十心之類 生於極樂者 其所感依正之勝及
所見之佛 所聞之法 較諸小行常流 應必懸異也

7.-3) 여러 가지를 복합적으로 수행한다.

셋째는 衆行法이다. 이와 관련하여 저 『화엄경』60)에서
는 보현보살이 선재동자로 하여금 海會大衆에 나아가 십
대원을 일으킬 것을 권장하였다.

첫째는 제불에게 예경하는 것이고, 둘째는 여래를 칭찬
하는 것이며, 셋째는 공양을 널리 닦는 것이고, 넷째는 업
장을 참회하는 것이며, 다섯째는 공덕을 수희하는 것이고,

---

60) 『大方廣佛華嚴經』 卷40, (『大正新脩大藏經』 10, p.844中) 이하.

여섯째는 법륜 굴리기를 청하는 것이며, 일곱째는 부처님께 주세할 것을 청하는 것이고, 여덟째는 반드시 부처님의 가르침을 따르는 것이며, 아홉째는 항상 중생을 수순하는 것이고, 열째는 널리 모든 것을 회향하는 것이다.

십대원의 낱낱에 대하여 '허공계가 다하고 중생계가 다하며 중생의 업이 다하고 중생의 번뇌가 다하면 저의 원력이 이에 다할 것입니다. 그러나 허공계 내지 중생의 업과 번뇌가 다하지 않는 까닭에 저의 이 원력[願王]도 다함이 없고, 염념상속하여 간단이 없으며, 신업과 구업과 의업에 피로와 권태가 없을 것입니다.'라고 말한다.

그리고 임명종시에 이르러서는 최후의 찰나에 일체의 제근이 모두 산괴되고, 일체의 위세가 모두 퇴실하며, 재상·대신 및 궁전의 내외에 있는 코끼리와 말과 수레와 진보와 伏藏을 다시는 따르지 않고, 오직 이 원력[願王]은 저 버리지 않으며, 일체시에 극락세계의 앞까지 인도하고, 일찰나간에 극락세계에 왕생하며, 이미 도착해서는 곧 아미타불을 친견하고, 그 사람이 몸소 연꽃 속에 태어난 것을 보며, 아미타불의 수기를 받고, 수기를 받고나서 무량겁을 지내며, 널리 시방의 불가설불가설세계에서 지혜력으로 중생의 마음을 따라서 이익을 주고, 내지 번뇌의 大苦海 속에서 중생을 건져 그로부터 벗어나게 하여 극락세계에 왕생할 수 있도록 해준다.

또한 『법화경』에서는 다음과 같이 말한다.

"이 경전을 듣고 설법대로 수행하며, 이 목숨이 끝날 때 안락세계의 아미타불과 대보살중이 위요하는 주처에 가서 연꽃속의 보좌 위에 태어나서, 다시는 탐욕의 번뇌를 받지 않고, 또한 다시는 진에와 우치의 번뇌를 받지 않으며, 보살의 신통력과 무생법인을 터득한다."[61]

또한 『대보적경』의 경우처럼 10종심을 일으켜 극락세계에 왕생한다.

"부처님께서 미륵에게 말씀하셨다. 이와 같은 10종심은 번뇌를 구비하고 있는 모든 범우 및 불선의 장부들이 일으킬 수 있는 것이 아니다. 그 10가지는 다음과 같다. 첫째는 모든 중생에 대하여 대자의 無損害心을 일으키는 경우이다. 둘째는 모든 중생에 대하여 대비의 無逼惱心을 일으키는 경우이다. 셋째는 佛王法에 대하여 신명을 아끼지 않고 기꺼이 수호하는 마음을 일으키는 경우이다. 넷째는 일체법에 대하여 勝忍의 無執著心을 일으키는 경우이다. 다섯째는 이양에 탐착하지 않고 공경ㆍ존중ㆍ정의ㆍ락심을 일으키는 경우이다. 여섯째는 佛種智를 추구하여 일체시에 불종지에 대한 忘失心이 없는 경우이다. 일곱째는 모든 중생에 대하여 존중하고 공경하여 중생에 대한 하열심이

---

61) 『妙法蓮華經』 卷6, (『大正新脩大藏經』 9, p.54中-下)

없는 경우이다. 여덟째는 세론에 집착하지 않고 보리분에 대하여 결정심을 일으키는 경우이다. 아홉째는 모든 선근을 심어서 잡염이 없이 청정심을 지니는 경우이다. 열째는 일체의 여래에 대하여 모든 상을 버리고 수념심을 일으키는 경우이다. 이것을 보살이 일으키는 10종심이라 말한다."62)

이러한 10종심을 말미암은 까닭에 반드시 왕생을 터득한다. 어떤 사람이 이 10종심을 따라서 일심을 성취하면 바라는 대로 저 아미타불세계에 왕생을 한다. 이런 사람이 만약 왕생하지 못한다면 그런 경우는 있을 수가 없다.

또한 『관무량수경』에서는 다음과 같이 말한다.

"저 극락세계에 왕생하고자 하는 사람은 반드시 삼복을 닦아야 한다. 첫째는 부모에게 효양하고 스승에게 봉사하며 자심으로 살생하지 않고 10선업을 닦는 것이다. 둘째는 삼귀의계를 수지하고 온갖 계를 구족하여 위의를 범하지 않는 것이다. 셋째는 보리심을 일으켜서 인과를 심신하고 대승경전을 독송하며 수행자가 되기를 勸進하는 것이다."63)

이 3종업은 과거 · 미래 · 현재의 諸佛淨業의 正因이다.

『관무량수경소』에서는 다음과 같이 말한다.

---

62) 『大寶積經』 卷92, (『大正新脩大藏經』 11, p.528中-下)
63) 『佛說觀無量壽佛經』, (『大正新脩大藏經』 12, p.341下)

"첫째의 업은 모두 범부에 공통한다. 둘째의 업은 이승에 공통한다. 셋째의 업은 이에 대승에 해당하는 것으로서 범부와 소승에는 공통되지 않는 가르침[法]이다."[64]

또한 저『무량수경』의 경우에는 3종의 무리가 모두 보리심을 일으킨다는 것은 모든 경론에서 설명하고 있다. 그러므로 송경·지주·건탑·조상·예배·찬송·봉지·재계·소향·산화·현증(비단 깃발을 내거는 행위)·번개(일산으로 장엄하는 행위) 등 무릇 낱낱의 行과 낱낱의 事를 구족함으로써 왕생하는 자는 信力과 願力과 回向力을 근본으로 하여 왕생하지 못하는 사람이 없다.

위에서 인용한 것[65]을 통칭 衆行이라 말한다. 그러나 願行에 있어서는 이미 대·소승이 같지 않고, 또한 각각 理·事에 차등이 있다.

또 저『화엄경』의 10종원 및『보적경』의 10종심으로 극락에 왕생하는 자는 그들이 감응하는 依報와 正報의 뛰어남 및 친견하는 부처님 및 듣는 설법 등에 있어서 모든 소승의 수행 및 범부[常流] 등과 비교하면 반드시 현격한 차이가 있다.

---

64) 天台智顗, 『觀無量壽佛經疏』, (『大正新脩大藏經』 37, p.191上)
65) '위에서 인용한 것'이란 곧 송경·지주·건탑·조상·예배·찬송·봉지·재계·소향·산화·현증·번개 등을 가리킨다.

8.

問曰 吾聞善財童子圓頓利根 一生取辨 今乃不生華藏 而
勸生極樂 此何意耶 答曰 華嚴疏中自有此問 彼所答云 有緣
故歸憑情一故 不離華藏故 即本師故 謂華藏中所有佛刹皆
微塵數 極樂去此十萬億土 並未出於刹種之中 故不離也 經
云 或有見佛無量壽 觀自在等共圍繞 此讚遮那 隨名異化 故
即本師也 又曰 普賢為善財海眾結歸極樂者 蓋為信解圓宗
之人入文殊智修普賢行 福慧事理皆稱法界 此大心人雖妙悟
本明頓同諸聖 然猶力用未充 未及如來出世普利眾生 所以
暫依淨土親近彌陀 直至成佛 意在此也

8. 극락세계에 왕생하는 것은 성불에 대한 방편설이다.

묻는다 :

저는 선재동자의 경우에 원돈의 이근으로서 일생 동안
수행했지만 지금도 화장세계에 태어나지 못했다고 들었습
니다. 그런데도 극락에 태어나는 것에 대하여 권장하는 것
은 무슨 뜻입니까.

답한다 :

『화엄경소』에도 그와 같은 질문이 있는데 그에 대한 답
변은 다음과 같다.

"거기에는 인연이 있는데, 그것은 본래 중생으로 하여금 하나의 의지처가 되게 하는 까닭이다. 화장세계와 미진만큼도 유리되어 있지 않는 까닭이다. 본사 아미타불에 즉해 있는 까닭이다."[66]

말하자면 화장세계에 존재하는 불국토는 모두 미진수만큼 있는데, 그 극락세계까지의 거리가 여기에서 십만억 국토를 지나야 한다. 그럼에도 불구하고 그 국토를 벗어나 있지 않기 때문에 유리되어있지 않다고 말한다.

『화엄경』에서 말한 "혹 무량수부처님이나 관자재보살 등이 모두 나를 둘러싸고 있음을 볼 경우"[67]라는 것은 곧 비로자나를 찬탄한 것으로서 명칭에 따라서 다르게 화현한 것은 본래 그대로 본사 아미타불이다.

또 다음과 같이 말한다.

"보현보살이 선재동자를 위하여 바다와 같은 대중을 극

---

66) 澄觀, 『華嚴經行願品疏』 卷10, (『卍續藏』 5, p.198上) "不生華藏而生極樂 略有四意 一有緣故 二欲使衆生歸憑情一故 三不離華藏故 四即本師故"; 『樂邦文類』 卷1, (『大正新脩大藏經』 47, p.159中) "貞元疏曰 問不求生華藏 期生極樂何耶 答有四意 一者有緣故 二欲使衆生歸憑情一故 三不離華藏故 四即本師故 行願鈔曰 有緣者彌陀願重 偏接娑婆人也 歸憑情一者 若聞十方皆妙彼此融通 則初心茫茫 無所依託 故方便引之 不離華藏者 極樂去此 但十萬億佛土 華嚴中所有佛刹 皆微塵數故不離 也 即本師者 如經第三十九云 或有見佛無量壽觀自在等共圍繞 疏判云讚本尊遮那之德也 疏又曰 華藏刹海皆遮那境 無量壽佛 去十萬億 並未出於刹種之中 豈非本師隨名異化也" 참조.

67) 『大方廣佛華嚴經』 卷80, (『大正新脩大藏經』 10, p.443上)

76 정토혹문

락으로 결귀시킨 것은 무릇 圓宗을 신해하는 사람에게 문수의 지혜와 보현의 행원에 들어가도록 해준 것으로서 복덕과 지혜와 事와 理가 모두 법계에 칭합되었기 때문이다. 이것은 대승인의 경우에 비록 妙悟와 本明은 제불과 문득 동일할지라도 力用은 아직 충분하지 못하여 여래의 출세와 보현의 이익중생에는 미치지 못한다. 때문에 잠시동안 정토에 의거하여 아미타불을 친근함으로써 곧장 성불에 이르게 하려는 것이었다."[68]

말하고자 하는 의도는 바로 이와 같은 것이었다.

9.

問曰 衆行門中 旣云大小不等理事有殊 所感生相亦乃懸異 然則觀想憶念二門修各不等 其所感相同耶異耶 答曰 皆不同也 故永明曰 九品往生事非一等[69] 或遊化國見佛應身 或生報土見〈覲?〉佛眞體 或一夕而便登上地 或經劫而方證小乘 或利根鈍根 或定意散意 或〈道-?〉悟遲速 而〈而-?〉機器〈根機?〉不同 或花〈華?〉開早晩 而〈而-?〉時限有異 又慈雲曰 雖分九品 猶是略分 若更細分亦應無量

---

68) 宗曉 編, 『樂邦文類』 卷1, (『大正新脩大藏經』 47, p.159下)
69) '九品往生事非一等'이 '故非一等 九品往生 上下俱達'으로 되어 있다.

9. 정토에 감응하는 모습에는 차별이 있다.

묻는다 :

온갖 수행문에 대하여 대승과 소승이 동등하지 않고 理와 事에 차이가 있다고 이미 말씀하셨습니다. 그리고 거기에서 의혹이 발생하는 모습도 또한 아득히 차이가 있다면 곧 觀想과 憶念의 두 가지 수행문도 각각 같지 않을 것입니다. 그렇다면 그 감응하는 모습은 서로 같습니까 다릅니까.

답한다 :

모두 다르다. 때문에 영명연수는 다음과 같이 말한다.

"구품으로 왕생하는 모습은 동일하지 않다. 혹 化國에 유행하면서 부처님의 응신을 친견하기도 하고, 혹 보토에 태어나서 부처님의 진체를 친견하기도 하며, 혹 하룻밤 사이에 곧장 上地에 오르기도 하고, 혹 오랜 겁을 지낸 후에야 바야흐로 소승을 증득하기도 하며, 혹 이근과 둔근이 있기도 하고, 혹 定意와 散意가 있기도 하며, 혹 깨침에 遲와 速이 있기도 하고, 혹 근기가 다르기도 하며, 혹 꽃이 피는 것도 빠르고 늦음이 있어서 시한에 차이가 있다."[70]

---

70) 『萬善同歸集』 卷上, (『大正新脩大藏經』 48, p.968中)

또한 자운준식은 다음과 같이 말한다.

"비록 구품으로 나누었지만 그것은 略分이다. 만약 다시 자세하게 나눈다면 또한 무량한 품이 있다."[71]

10.

問曰　極樂只是同居本非實報　何謂或生報土見佛真體耶 答曰　爾將謂同居之外別有實報耶　當知三土不離同居　特身境受用遞遞不相同耳　如經云　彌陀佛身高六十萬億那由他恒河沙由旬等　古師曰　此實報身也　又雪川曰　極樂國土四土不同　豈但極樂為然　荊溪云　直觀此土　四土具足　如當時華嚴海會不離逝多林　而諸大聲聞不知不見　即此類也

10. 사종국토는 서로 다르지 않다.

묻는다 :

극락에는 다만 동거국토만 있어서 본래 실보토가 아닌데, 어째서 보토에 태어나서 부처님의 진체를 친견한다고 말하는 것입니까.[72]

답한다 :

그대는 동거국토 이외에 따로 실보토가 있다고 말하는

---

71) 『樂邦文類』 卷5, (『大正新脩大藏經』 47, p.216中)
72) 위의 9.단락의 내용에 대한 보충질문에 해당한다.

것인가. 반드시 알아야 한다. 법성국토·수용국토·변화국토의 삼국토가 동거토를 벗어나 있지 않다. 특별히 몸[身]과 경계[境]의 수용이 번갈아 바뀌어서 서로 같지 않을 뿐이다. 그래서 경전에서는 말한다. "아미타불의 몸은 크기가 60만억나유타이다.···"

古師는 말한다.

"이것은 수용신이 아닌 실보신이다."

또한 雪川淨覺은 말한다.

"극락국토에서는 네 국토73)의 경우가 같지 않다."

그러니 어째서 무릇 극락만 그러겠는가.

형계담연은 말한다.

"차토를 직관하면 그 속에 네 국토가 갖추어져 있다."74)

저 당시에 화엄법회가 서다림을 벗어나 있지 않았지만 모든 대성문들은 그것을 알지도 못하고 보지도 못한 것이 바로 그와 같은 경우에 속한다.

11.

問曰 既云此土四土具足 只消就此展轉修行 反欲捨此而生彼國何耶 答曰 此方雖具四土 奈何穢業難除 夫欲捨穢取淨 勢須彼國求生 四明云 此土濁重十信方出苦輪 彼土境勝

---

73) 一凡聖同居土, 二方便有餘土 三實報無障礙土 四常寂光土를 가리킨다.
74) 『法華文句記』 卷第十下, (『大正新脩大藏經』 34, p.355中)

九品悉皆不退 豈不聞 大通佛世受教之徒 已經塵點劫來 尚
在聲聞之地 皆因退轉 故涉長時 如身子已證六心 猶自退落
五道 況悠悠修行者乎 蓋由此土多値退緣故 云魚子菴羅華
菩薩初發心三事因中多及其結果少 若生極樂 藉彼勝緣 博
地凡夫便階不退 以是之故求生彼國

11. 불퇴전의 정진이 있어야만 왕생극락한다.

묻는다 :

이미 말씀하셨듯이 此土에는 네 국토가 갖추어져 있습
니다. 그렇다면 무릇 이런저런 수행을 떠나서 차토를 버리
고 저 극락국토에 태어나려면 무엇을 해야 합니까.

답한다 :

비록 차토에 네 국토가 갖추어져 있을지라도 어찌 穢業
을 없애기 어렵겠는가. 대저 예업을 버리고 정업을 취하고
자 원하면 모름지기 극락국토에서 태어나게 된다.

사명지례는 말한다.

"차토는 오탁이 지중하므로 십신을 갖추어야 비로소 고
륜을 벗어날 수가 있다. 그러나 피토의 경계는 뛰어나므로
구품에서 모두 不退轉한다."[75]

---

75) 『四明尊者教行錄』卷2, (『大正新脩大藏經』46, p.866中)

어찌 '대통지승불 세계에서는 가르침을 받은 사람들이 이미 塵點劫이 지나도록 아직도 성문지에 머물러 있었던 것은 모두 退轉이었기 때문이다.'는 들어보지 못하였는가. 때문에 長時가 지났지만 저 사리불은 이미 六心을 증득했으면서도 오히려 스스로 오도에 퇴락한 것이다. 하물며 유유하게 세월만 보내는 수행자들로서 무릇 차토에서 오랫동안 퇴전의 반연을 말미암은 경우이겠는가. 때문에 말하자면 어부의 아들이었던 菴羅華菩薩의 경우에도 초발심에는 신·구·의의 삼사에서 因中은 많았지만 결과가 적었던 것이다.

만약 극락에 태어나서 그 뛰어난 인연에 의지한다면 박지범부라 할지라도 곧 단계에서 물러남이 없다. 이런 까닭에 저 극락국토에 태어나려고 추구한다.

12.

問曰 同居淨土其類甚多 今偏指極樂 而又偏讚其境勝 緣勝何耶 答曰 經云彼國眾生無有眾苦 但受諸樂 故名極樂 今以娑婆對而比之 此則血肉形軀 有生皆苦 彼則蓮華化生 無生苦也 此則時序代謝 衰老日侵 彼則寒暑不遷 無老苦也 此則四大難調 多生病患 彼則化體香潔 無病苦也 此則七十者稀 無常迅速 彼則壽命無量 無死苦也 此則親情愛戀 有愛必離 彼無父母妻子 無愛別離苦也 此則仇敵冤讎 有冤必會

彼則上善聚會 無冤憎會苦也 此或困苦饑寒 貪求不足 彼皆
衣食珍寶 受用現成 此或醜穢形骸 根多缺陋 彼則端嚴相貌
體有光明 此則輪轉生死 彼則永證無生 此有四趣之苦 彼無
三惡之名 此則丘陵坑坎荊棘為林 土石諸山穢惡充滿 彼則
黃金為地 寶樹參天 樓篝七珍 花敷四色 此則雙林已滅 龍華
未來 彼則無量壽尊現在說法 此則觀音勢至徒仰嘉名 彼則
與二上人親為勝友 此則群魔外道惱亂正修 彼則佛化一統魔
外絕蹤 此則媚色妖婬迷惑行者 彼則正報清淨實無女人 此
則惡獸魍魅交扇邪聲 彼則水鳥樹林咸宣妙法 二土較量 境
緣迥別 而樂邦之勝其數無窮 未暇悉舉也 其境勝者可以攝
眾生取淨之情 其緣勝者可以助生者修行之力 雖同居淨類甚
多 惟極樂修行緣具故偏指也

12. 극락국토와 사바세계는 열 여섯 가지 인연의 차
별이 있다.

묻는다 :

동거정토는 그 종류가 대단히 많습니다. 그런데 지금은
극락정토만 가리키고, 또한 극락정토의 경계가 뛰어난 점
에 대해서만 치우쳐 찬탄을 합니다. 그렇다면 인연이 뛰어
난 점은 어떻습니까.

답한다 :

경전에서는 "그 국토의 중생들에게는 온갖 고통이 없고, 단지 온갖 즐거움만 받기 때문에 극락이라 한다."[76]고 말한다.

이제 사바세계를 가지고 상대하여 그것과 비교하겠다.

여기 사바세계는 血·肉·形·軀가 있어서 온갖 고통이 발생하지만 저 극락세계는 연꽃이 화생하고 고통의 발생이 없다.

이 사바세계는 시분의 차례와 代謝가 있어서 날로 노쇠가 침범하지만 저 극락세계는 한서의 변천도 없고 늙어가는 고통도 없다.

이 사바세계는 사대가 조화를 이루기 어려워서 생·로의 근심이 많지만 저 극락세계는 변화된 몸으로서 향기롭고 깨끗하여 병고가 없다.

이 사바세계는 칠십까지 살기가 드물고 무상하여 신속하게 지나가지만 저 극락세계는 수명이 무량하여 죽음의 고통이 없다.

이 사바세계는 부모의 정과 애의 인연이 있는데, 애가 있으면 반드시 이별해야 하지만 저 극락세계는 부모와 처자가 없어서 애별리고가 없다.

이 사바세계는 仇敵과 冤讎가 있어서 원수가 있으면 반

---

76) 『佛說阿彌陀經』, (『大正新脩大藏經』 12, p.346下)

드시 만나게 되지만 저 극락세계는 上善이 聚會하기 때문에 원증회고가 없다.

이 사바세계는 困苦와 饑寒이 있어서 탐욕을 부려 추구해도 만족되지 못하자만 저 극락세계는 모든 의식주와 진보를 수용해도 끝없이 현성한다.

이 사바세계는 추악하고 더러운 모습이 있어서 신체에 대부분 결함이 있지만 저 극락세계는 몸에 광명이 있다.

이 사바세계는 윤회전생의 생사가 있지만 저 극락세계는 영원히 무생법인을 증득한다.

이 사바세계는 수라 · 아귀 · 축생 · 지옥의 사취가 있지만 저 극락세계는 남악이라는 명칭조차 없다.

이 사바세계는 구릉이 있고 구덩이와 가시숲이 있고 토석으로 이루어진 모든 산에는 더러움이 충만해 있지만 저 극락세계는 땅은 황금이고 보배나무가 하늘가득하며 누각은 칠보로 이루어져 있고 꽃은 네 가지 색으로 피어 있다.

이 사바세계는 쌍림에서 이미 입멸하여 용화세게에서 미래에 설법을 하지만 저 극락세계는 무량한 수명을 지닌 부처님이 현재에도 설법을 한다.

이 사바세계는 관세음과 대세지 등이 아름다운 명성을 지니고 있지만 저 극락세계는 관세음과 대세지의 두 상인과 더불어 친히 뛰어난 친구가 된다.

이 사바세계는 온갖 마구니와 외도가 正修를 뇌란시키

지만 저 극락세계는 부처님의 화신으로 통일되어 있어서 마구니와 외도가 종적을 단절한다.

이 사바세계는 媚色과 妖婬으로 수행자를 미혹시키지만 저 극락세계는 정보가 청정하여 실로 여인이 없다.

이 사바세계는 惡獸와 魑魅가 부채를 부치면서 사악한 소리를 불러일으키지만 저 극락세계는 물새와 숲이 다함께 묘법을 펼친다.[77]

이처럼 사바세계와 극락세계를 비교해보면 경계의 인연이 아득히 달라서 극락세계의 뛰어남은 그 다 헤아릴 수가 없고 다 열거할 겨를이 없다. 극락세계의 경계가 뛰어남은 중생이 정토를 취하려는 생각을 끌어당기고, 그 인연이 뛰어남은 중생이 수행하는 힘을 도와준다. 비록 동거정토의 종류가 대단히 많지만 오직 극락세계에서 수행하는 인연만 구비하였기 때문에 치우쳐 가리킨 것이다.

13.

問曰 十方如來皆可親近 今獨推彌陀者何耶 答曰 獨推彌陀 其故有三 一誓願深重 二娑婆有緣 三化道相關也 願重者 經云 彌陀往昔因中 嘗發種種廣大誓願 其略曰 若我成佛已來 其有眾生願生我國 或聞我名 修諸善本 稱我名號

---

77) 『佛說阿彌陀經』, (『大正新脩大藏經』 12, pp.346中-348中) 참조.

乃至十念 若不生者 誓不取正覺 既生我國 若有退轉 不決
定成佛者 誓不取正覺 故華嚴鈔曰 彌陀願重 偏接娑婆衆生
也 有緣者 我佛釋迦現在世時 衆生聞佛所教 歸向彌陀 固
已多矣〈觀佛滅後〉末世衆生 無問僧俗男女貴賤貧富 稍聞
佛教者 無不信向 未聞佛教者 亦會稱名 縱是頑愚暴惡無信
之徒 或遭厄難危險之處 或發讚歎怨嗟之聲 不覺信口便叫
阿彌陀佛 至於兒童女子戲弄之際 聚沙搏泥 圖牆畫壁 便
作彌陀佛像 甚至於學行未穩學語未成者 自然能唱阿彌陀佛
此皆不勸而發 不教而能 非有緣而何 又如無量壽經云 吾說
此經 令見無量壽佛及其國土 所當為者 皆可求之 無得以我
滅度之後復生疑惑 當來之世經道滅盡 我以慈愍特留此經更
住百歲 其有衆生值此經者 隨意所願皆可得度 又經云 此經
滅後佛法全無但留阿彌陀佛四字名號救度衆生 其有不信而
謗毀者 當墮地獄具受衆苦 故天台云 當知彼佛於此惡世偏
有緣耳 相關者先覺謂 兩土聖人示居淨穢 以折攝二門調伏
衆生 此以穢以苦以促以多魔惱而折之 俾知所厭 彼以淨以
樂以延以不退轉而攝之 俾知所欣 既厭且欣 則化道行矣 又
我釋迦於三乘授〈化?〉道之外其有度未盡者 度在彌陀 故於
諸大乘經丁寧反覆稱讚勸往者 蓋化道之相關也 以是三者之
故 乃獨推焉

13. 중생에게 아미타불을 추천하는 이유에 삼종이 있다.

묻는다 :

시방의 여래는 모두 친근할 수가 있습니다. 그런데 유독 아미타부처님만 추천하는 까닭은 무엇입니까.

답한다 :

유독 아미타부처님만 추천하는 까닭은 세 가지가 있다.

첫째는 서원이 심중하기 때문이고, 둘째는 사바세계와 인연이 있기 때문이며, 셋째는 化道하는 것과 相關하기 때문이다.

첫째, 서원이 심중하다는 것은 경전에서 "아미타불은 전생 인행시절에 일찍이 갖가지 광대한 서원을 일으켰다."고 말한다. 그것을 간략하게 말하면 다음과 같다. '만약에 내가 성불한 이래로 그곳의 중생으로서 내 국토에 태어나기를 원하는 자는 내 이름난 들어도 모든 선의 근본을 닦고 내 명호만 불러도 내지 십념을 했는데도 만약 내 국토에 태어나지 못한다면 맹세코 정각을 성취하지 않겠습니다. 그리고 이미 내 국토에 태어났는데도 만약 퇴전이 있어서 결정코 성불하지 못한다면 맹세코 정각을 성취하지 않겠습니다.'

그러므로 『화엄경행원품소초』에서는 "아미타불의 서원

이 심중한 것은 사바세계의 중생만 교화하기 때문이다."⁷⁸⁾
고 말한다.

둘째, 사바세계와 인연이 있다는 것은 다음과 같다.

"우리의 부처님 석가모니께서 현재 세상에 계실 때인데
도 중생이 부처님의 가르침을 듣고도 아미타부처님께 귀
향한 것은 이미 사례가 많다. 불멸 이후 말세중생을 관찰
해보면 승·속·남·녀·귀·천·빈·부를 막론하고 부
처님의 가르침을 조금만 들어도 믿지 않은 사람이 없고,
부처님의 가르침을 듣지 못한 사람일지라도 또한 그 칭명
만 만나면 설령 頑·愚暴·惡·無信의 사람들일지라도 혹
厄難·危險의 처소를 만나거나, 혹 讚歎·怨嗟의 소리를
내면 엉겁결에 입에서 소리가 나오는대로 곧 아미타불을
부르며, 내지 아동이나 여자가 장난삼아서 모래를 모으고
진흙을 뭉쳐서 담장에 그리거나 벽에 낙서를 하면서 문득
아미타불상을 그린다거나, 심지어 행동이 온전치 못하고
말이 어눌한 사람이 자연스럽게 아미타불을 부르게 된다.
이들 모두가 권장하지 않았는데도 발생하고 가르치지 않
았는데도 잘하게 되는 것은 인연이 없었는데도 어째서 그
런 것인가.

또한 저 『무량수경』에서는 다음과 같이 말한다. '내가

---

78) 『大方廣佛華嚴經普賢行願品別行疏鈔』 卷6, (『卍續藏』 5, p.322中)

이 경전을 설하는 것은 무량수불과 무량수불의 국토를 보게끔 하려는 것이다. 그래서 그에 해당하는 자는 모두가 무량수불과 무량수불국토를 추구하지만, 그것을 얻지 못하는 자는 내가 멸도한 이후에 다시 의혹을 발생한다. 그래서 당래세에 경전과 불도가 멸진되는 시대에도 내가 그들을 불쌍하게 여겨 특별히 이 무량수경을 남겨두어 다시 백 년 동안 더 머물게 할 것이다. 이에 그들 중생으로서 이 경전을 만나는 자는 마음에 소원하는 그대로 모두 얻을 수가 있다.'[79]

또『대아미타경』에서는 다음과 같이 말한다. '이 경전이 소멸한 이후에는 불법은 전혀 없어지고, 무릇 아미타불이라는 네 글자만 남게 되는데 그 명호로써 중생을 제도할 것이다. 혹 어떤 중생이 믿지 않고 훼방하면 반드시 지옥에 떨어져서 갖가지 고통을 다 받게 될 것이다.'

때문에 천태는 다음과 같이 말한다. '반드시 알아야 한다. 저 아미타불께서는 이 오탁악세에만 인연이 있다.'"[80]

셋째, 化道하는 것과 相關된다는 것에 대해서는 선각자가 다음과 같이 말한다.

---

79)『佛說無量壽經』卷下, (『大正新脩大藏經』12, p.279上) "吾今為諸眾生說此經法 令見無量壽佛及其國土一切所有 所當為者皆可求之 無得以我滅度之後復生疑惑 當來之世經道滅盡 我以慈悲哀愍特留此經止住百歲 其有眾生值斯經者 隨意所願皆可得度" 참조
80)『淨土十要』卷6, (『卍續藏』61, p.696中-下) 참조.

"정토와 예토의 부처님께서 정토와 예토를 보여준 것은 그것으로써 절복문과 섭수문의 이문으로 중생을 조복하기 위한 것이다. 이 세계는 더럽고 고통이며 재촉하고 많은 번뇌가 있으므로 그것을 절복시켜서 싫어해야 할 것을 싫어하도록 만드는 것이다. 저 세계는 청정하고 즐거우며 느긋하며 물러남이 없으므로 그것을 섭수하여 기뻐해야 할 것을 기뻐하도록 만드는 것이다. 이처럼 싫어하는 것과 기뻐하는 것으로써 化道를 실천하는 것이다. 또한 우리 석가모니께서는 삼승까지도 화도해주시는데, 그 밖에 아직 제도받지 못한 자의 경우는 아미타불이 제도해주신다. 때문에 모든 대승경전에서 정녕하게 반복하여 왕생하는 자들을 칭찬하고 권유한다. 이것이 바로 화도하는 것과 상관된다는 것이다."[81]

　이와 같이 세 가지의 이유에서 오직 아미타부처님만 추천한다.

14.

　問曰 偏指獨推之說 旨哉言乎 欣厭取捨之方 至哉教矣 敢問 欣厭取捨得無愛憎能所之過乎 答曰 汝不知言也 此非世間之愛憎能所也 此乃十方如來轉凡成聖之通法也 若非厭捨

---

81) 여기 先覺者는 『宗土或問』의 저술자인 天如惟則을 가리키고, 여기의 인용문도 『淨土或問』의 대목을 가리킨다.

何以轉凡 若非欣取 何以成聖 故自凡夫預乎聖位 由聖位以
至等覺 其間等而上之 無非欣厭 極乎妙覺取捨始亡 故先德
云 取捨之極與不取捨無有異也 況此淨土之法只一化機 而
釋迦彌陀之所共立者也 此指其往 彼受其來 倘非厭捨 離此
無由 倘非欣取 生彼無分 既捨此矣 又生彼矣 藉彼勝緣直
至成佛 然愛憎能所功莫大矣 何過之有故

14. 방편과 수행에서는 취사선택이 있지만 궁극에 는 평등하다.

묻는다 :

유독 치우쳐서 아미타부처님만 추천한다는 말에 깊은
뜻이 있다는 것을 알았습니다. 그리고 기뻐하고 싫어하며
취하고 버리는 방식에도 지극한 가르침이 있다는 것을 알
았습니다. 그런데 감히 묻습니다. 기뻐하고 싫어하며 취하
고 버리는 것으로써 사랑하고 미워하며 주체와 객체의 허
물이 없는 경지를 터득할 수 있는 것입니까.

답한다 :

그대는 내 말을 알아듣지 못하고 있구나. 내가 말했던
사랑하고 미워하며 주체와 객체라는 것은 세간에서 말하
는 그런 것을 가리키는 것이 아니다. 그것은 이에 시방여
래께서 범부를 굴려서 성인을 성취시켜주는 通法이다. 그

러므로 만약 취하고 버리는 것이 없다면 어떻게 범부를 굴리겠는가. 그리고 만약 기뻐하고 싫어하는 것이 없다면 어떻게 성인이 성취되겠는가.

때문에 범부로부터 성인의 지위에 참여하고, 성인의 지위를 말미암아 등각에 이르는 것이므로 그 사이사이에서는 위로 향상하는 데에 기뻐하고 싫어함이 없어서는 안되지만, 궁극의 묘각에 가서는 취하고 버리는 행위가 비로소 없어지게 된다.

그래서 선덕은 다음과 같이 말한다.

"취하고 버리는 것의 궁극은 취하고 버림이 없는 것과 차이가 없다."

하물며 이 정토의 가르침에서 단지 하나의 가르침으로만 중생을 교화하겠는가. 이에 석가모니와 아미타부처님을 함께 내세우는 것이다. 여기 예토에서는 저 정토에 왕생하는 방법[수행]을 가르쳐주면 저 정토에서는 그곳에 도래하는 결과를 받는다. 그래서 혹시 싫어하고 버리는 것이 없다면 여기 예토를 떠나서 저 정토에 따를 수가 없고, 혹시 기뻐하고 취하는 것이 없다면 저 정토에 태어날 분상이 없다. 이미 이 예토를 버렸기 때문에 또한 저 정토에 태어나고, 저 정토의 뛰어난 인연에 의지하여 곧장 성불에 이른다. 그러므로 사랑하고 미워하며 주체와 객체의 공능은 참으로 막대하거늘, 어찌 그 사랑하고 미워하며 주체와 객체에 허물이 있겠는가.

15.

問曰 取捨之談無敢議矣 但往生之說能不乖於無生之理乎
答曰 天台云 智者熾然求生淨土 達生體不可得 即是真無生
此謂心淨故佛土淨 愚者為生所縛 聞生即作生解 聞無生即
作無生解 不知生即無生無生即生也 長蘆曰 以生為生者 常
見之所失也 以無生為無生者 斷見之所惑也 生而無生無生
而生者 第一義諦也 天衣曰 生則決定生 去則實不去 三家之
說其旨甚明 今余復以性相二字釋之 妙真如性本自無生 因
緣和合乃有生相 以其性能現相故 曰無生即生 以其相由性
現故 曰生即無生也 知此則知淨土之生惟心所生無生而生
理何乖焉

15. 왕생이야말로 무생의 생을 말한 것이다.

묻는다 :

취하고 버린다는 말에 대해서는 감히 이의가 없습니다.
그러나 무릇 왕생한다는 말은 무생의 도리에 어긋나는 것
이 아닙니까.

답한다 :

천태는 다음과 같이 말한다.

"지혜로운 자는 치연하게 정토의 왕생을 추구한다. 그러나 왕생에 도달한다고 해도 몸이 없다. 그것이야말로 곧 진정한 무생이다. 이것은 마음이 청정한 까닭에 불국토가 청정하다는 것을 말한 것이다. 그러나 어리석은 자는 왕생한다는 것에 계박되어 왕생에 대하여 들으면 곧 왕생한다는 분별심을 일으키고, 무생에 대하여 들으면 무생이라는 분별심을 일으켜서 왕생이 곧 무생이고 무생이 곧 왕생인 줄을 모른다."[82]

長蘆의 眞歇淸了는 다음과 같이 말한다.

"생을 생으로 간주하는 자는 상견에 빠지고, 무생을 무생으로 간주하는 자는 단견에 미혹된다. 그러나 생이지만 무생이고 무생이지만 생이라고 간주하는 자는 제일의제를 터득한다."[83]

천의의회는 다음과 같이 말한다.

"생은 곧 결정생이기 때문에 간다고 해도 실제로 가는 것이 없다."[84]

세 사람이 설명하는 그 종지는 대단히 명백하다. 이제 나[천여유칙]은 다시 性과 相이라는 두 글자를 가지고 그

---

82) 智者大師 說, 『淨土十疑論』, (『大正新脩大藏經』 47, p.78上)
83) 宗曉 編, 『樂邦文類』 卷2, (『大正新脩大藏經』 47, p.177中) "夫以念為念以生為生者 常見之所失也 以無念為無念以無生為無生者 邪見之所惑也 念而無念生而無生者 第一義諦也" 비교 참조.
84) 宗曉 編, 『樂邦文類』 卷4, (『大正新脩大藏經』 47, p.208上)

것을 해석해보겠다.

오묘한 진여의 자성[性]은 본래부터 무생이다. 그렇지만 인연의 화합을 말미암아서 생이라는 형상[相]이 있을 뿐이다. 왜냐하면 그 자성[性]이 형상[相]을 드러낸 것이기 때문에 무생을 곧 생이라고 말한다. 그리고 그 형상이 자성을 말미암아서 드러난 것이기 때문에 생을 곧 무생이라고 말한다.

이러한 도리를 알게 되면 정토에 왕생하는 것이야말로 오직 마음이 발생한 것으로서 무생이 그대로 생인 줄을 알게 될 것이다.

16.

問曰 往生之說其旨昭然 但今之學者不能曉了 千人萬人疑道 極樂遠隔十萬億國 臨命終時恐難得到 復何策以曉之 答曰 是可咲也 說了許多心外無土土外無心 到者裏猶道不曉 此無他 只是衆生妄認自心在色身之內方寸之間 不知自家心量元自廣大 豈不聞讚佛偈云 心包太虛量周沙界 且十方虛空無量無邊 被我心量都盧包了 恒沙世界無量無數 我之心量一一周遍 如此看來 十萬億國在我心中 其實甚近 何遠之有 命終生時 生我心中 其實甚易 何難之有 豈不見十疑論云 十萬億剎爲對凡夫肉眼生死心量說耳 但使衆生淨土業成者 臨終在定之心即是淨土受生之心 動念即是生淨土時 爲此觀

經云 彌陀佛國去此不遠 又業力不可思議 一念即生 不須愁
遠 又如人夢身雖在床 而心意識遍至他方 生淨土亦然 不須
疑也 經云 一彈指頃即得往生 又云 屈伸臂頃 又云 頃刻之
間 故自信錄云 十萬億刹頃刻至者 自心本妙耳 此等重重喻
說 只是言其生在自己廣大心中甚近而甚易者也 我如今且莫
說廣大心量 且只就汝色身之內方寸之間 說箇譬喻 譬如此
方到西天竺 動經十萬餘里 一路之間多經國土 有一人雖未
親到 曾聞他人講說一遍 記憶在心 其人後時坐臥之間 忽動
一念思量彼國 思量千里便到千里 思量萬里 便到萬里 思量
天竺便到天竺 以此比之 生淨土便是這箇道理 豈不是彈指
之頃 一念便到 何難到之有哉 汝若不修淨業要到極難 淨業
若成要到極易 但辨肯心 決不相賺

16. 정토업을 닦으면 찰나에 극락왕생한다.

묻는다 :

왕생에 대한 말은 그 뜻이 분명해졌습니다. 그렇지만 무릇
오늘날 납자들은 그것을 분명하게 알지 못하고 있습니다. 천
이면 천 명, 만이면 만 명, 모두 극락세계는 여기에서 십만
억 국토만큼 떨어져 있다고 의심하여 말합니다. 목숨을 마칠
때에 이르러서 거기에 도달하지 못할까 염려들을 하는데, 또
어떤 대책으로써 그들을 일깨워줘야 하겠습니까.

답한다 :

참으로 우습구나. 마음 밖에는 정토가 없고 정토 밖에는 마음이 없다고 허다하게 말했는데도, 그런 문제에 대하여 아직도 이해하지 못하고 있구나. 이 문제에 대해서는 다른 것이 없다. 단지 중생의 경우에는 망상으로 인하여 자기의 마음이 색신 안의 한 치 되는 곳에 있다고 인정할 뿐이지, 자기의 심량이 원래부터 광대한 줄을 모르고 있다. 어찌 다음과 같은 讚佛偈를 들어본 적이 없는가.

"마음은 태허를 포함하고 있어서   心包太虛
그 역량이 항사세계에 두루하다   量周沙界"

또 다음과 같은 찬불게도 있다.

"저 시방세계의 허공은 무량하고 무변하지만
十方虛空無量無邊
그대 및 우리의 마음은 그것을 다 포함하네
被我心量都盧包了
항하사 세계가 무량하고 또한 무수하다지만
恒沙世界無量無數
우리마음은 그 낱낱을 빠짐없이 헤아린다네
我之心量一一周遍"

이와 같이 본다면 십만 억 국토가 모두 내 마음속에 있어서 실제로 지극히 가까운데 어찌 그것이 멀리에 있다고 하겠는가. 목숨이 끝나는 때에 내 마음속에서 실제로 거기에 도달하기 대단히 쉽다는 생각을 일으킨다면 어찌 정토에 가는 것이 어렵겠는가.

『정토십의론』에서 말한 다음의 내용을 보지 못했는가.

"십만억 국토란 범부가 육안의 생사심으로 헤아리는 것에 상대하여 설한 것일 뿐이다. 무릇 중생으로서 정토업을 성취한 자는 임종시에 선정의 마음에 들어가는데 그것이 곧 정토에 왕생을 받는 마음이다. 그래서 마음을 움직이면 곧 그것이 정토에 왕생하는 때이다. 때문에 관무량수경에서는 '아미타불국토는 여기에서 멀리 떨어져 있지 않다.'고 말한다. 또 업력은 불가사의하여 일념에라도 곧 업력이 발생하기 때문에 모름지기 그에 대한 경계를 방심하여 멀리해서는 안된다. 또한 어떤 사람이 꿈을 꾸는 경우에 몸은 침상에 있지만 마음[心·意·識]은 널리 타방에 이르는 것과 같다. 정토에 왕생하는 것도 또한 그와 마찬가지라는 것을 결코 의심해서는 안된다."[85]

경전에서는 다음과 같이 말한다.

"손가락을 한 번 튕기는 사이에 왕생을 한다."

---

85) 『淨土十疑論』, (『大正新脩大藏經』 47, p.80中)

또 다음과 같이 말한다.

"장사가 팔을 한 번 굽혔다 펴는 사이에 왕생을 한다."

또 다음과 같이 말한다.

"순식간에 왕생을 한다."

때문에 『淨土自信錄』에서는 다음과 같이 말한다.

"십만억 국토를 순식간에 다다르는 것은 자심이 본래 미묘하기 때문이다."[86]

이와 같은 예들은 갖가지 비유로 설명되어 있다. 다만 이와 같은 말들은 그 왕생이 자기의 광대심 가운데 있어서 대단히 가깝기 때문에 지극히 쉽다는 것이다.

나[천여유칙]는 여기에서 지금 광대심량에 대하여 설명하지는 않겠다. 다만 그대 색신의 안에 들어있는 방촌지간에 대해서만 비유로 설명하겠다. 곧 그것을 비유하면 이 나라에서 서천축에 도달하려면 십만 여 리를 가야 하기 때문에 가는 길에 수많은 나라를 지나가야 한다. 어떤 한 사람이 친히 도달해보지는 않았지만 일찍이 어떤 사람이 한 차례 강설하는 것을 듣고서 그것을 기억해두었다면 그 사람은 후에 앉고 눕는 사이에 홀연히 일념에 그 나라를 사

---

86) 『淨土十要』 卷6, (『卍續藏』 61, p.687中) 『淨土自信錄』은 宋 王闐이 지은 책이다. 왕전은 四明 출신으로 호는 無功叟인데, 禪林의 宗旨 및 天台의 敎門에 통달하지 못한 것이 없었다. 만년에 專心으로 念佛하다가 서쪽을 향하여 앉은 채로 입적하였다. 기이한 향기가 자욱하였고, 다비를 하였는데 콩알 크기의 사리가 180粒이 나왔다.

량할 수가 있다. 천 리를 사량하면 곧 천 리에 도달하고, 만 리를 사량하면 곧 만 리에 도달하며, 천축을 사량하면 곧 천축에 도달한다.

이로써 그것을 비유하면 정토에 왕생하는 것도 곧 이런 도리와 같다. 이것이야말로 어찌 손가락을 한 번 튕기는 사이에 도달하는 것이 아니겠는가. 이에 일념에 곧 도달하는 것이므로 어찌 거기까지 가서 도달하는 것이 어렵겠는가.

그대가 만약 정토업을 닦지 않고 도달하고자 한다면 지극히 어렵겠지만, 만약 정토업이 성취되고나면 지극히 쉽게 도달한다. 그러므로 무릇 이와 같은 도리를 긍정하기만 한다면 반드시 속지는 않을 것이다.

17.

問曰 不修淨業要生極難 此誠言也 何故前擧逆惡凡夫臨終亦生 吾未聞其詳 而且有疑 幸詳示而釋之 答曰 觀經云 下品下生者 或有衆生作不善業 五逆十惡具諸不善 如此愚人以惡業故 應墮惡道經歷多劫受苦無窮 如此愚人臨命終時 遇善知識種種安慰爲說妙法敎令念佛 此人苦逼不遑念佛 善友告言 汝若不能念者 應稱無量壽佛 如是至心令聲不絶 具足十念稱南無阿彌陀佛 稱佛名故 於念念中 除八十億劫生死之罪 命終之時 見金蓮華猶如日輪住其人前 如一念頃即得往生極樂世界 於蓮華中滿十二大劫蓮華方開 觀世音大勢至以大悲音

聲 為其廣說諸法實相除滅罪法 聞已歡喜 應時即發菩提之心
此其詳也 雖十二劫處蓮華中 而其受用快樂如忉利天 故古者
云 華中快樂如忉利 不比人間父母胎 逆惡得生者 觀經疏曰
以念佛除滅罪障故 即以念佛為勝緣也 余詳經意 即是念佛
滅罪而生 然以疏論參而明之 則有三義 一者或問 如何以少
時心力而能勝終身造惡耶 曰心雖少時 而其力猛利 是心勇決
名為大心 以捨身事急故 如人入陣不惜身命名為健人也 二者
此雖造惡 或現世曾修三昧故 臨終勸念定心易成 亦是乘急戒
緩人也 縱現世不修三昧 亦是宿種今熟 以宿善業強故 臨終
得遇善知識 十念功成也 三者若非宿種 又非現修 則其念佛
之時 必有重悔 故永明曰 善惡無定 因緣體空 迹有升沈 事分
優劣 真金一兩勝百兩之疊華 爝火微光爇萬仞之積草

17. 십념의 공덕은 삼세에 통한다.

묻는다 :

정토업을 닦지 않고 왕생을 바라기는 어렵습니다. 이것
은 진실한 말입니다. 그런데 무슨 까닭에 앞에서는 도리에
어긋나는 극악무도한 행위를 한 범부조차도 또한 임종 때
에 왕생한다고 하였습니까. 저는 그에 대하여 자세한 설명
을 들어보지 못했기에 또 의심이 듭니다. 바라건대 자세하
게 설명하여 그 의심을 풀어주십시오.

답한다 :

『관무량수경』에서 다음과 같이 말한다.

"하품하생이란 혹 어떤 중생이 오역죄와 십악 등 갖가지 나쁜 업을 짓는 것을 말한다. 이와같이 어리석은 사람은 악업 때문에 반드시 삼악도 떨어져 그곳에서 수많은 겁을 지내면서 끝없는 고통을 받게 될 것이다. 이와 같이 어리석은 사람도 죽음에 이르러서 선지식이 갖가지 말로 그를 위안하면서 그를 위하여 미묘한 법문을 설하고 그에게 염불하도록 권했지만 그 사람은 고통에 시달려 미처 염불할 틈도 없다. 이에 선지식이 다시 그에게 다음과 같이 말한다. '그대가 만약 염불할 수 없다면 반드시 무량수불의 이름을 불러라.' 이리하여 지극한 마음으로 염불소리가 단절되지 않게 하고, 십념을 구족하여 나무아미타불을 부르게 되면 나무아미타불의 명호를 부른 까닭에 염념에 팔십억 겁 동안 생사에 윤회할 죄가 제거된다. 또한 죽음에 이르러 태양과 같은 금빛 연꽃이 그 사람 앞에 머물러 있는 것을 보게 되고, 또한 일념에 곧 극락세계에 왕생하게 된다. 그리고 연꽃 속에서 12大劫이 지나면 비로소 연꽃이 피게 되는데, 관세음보살과 대세지보살이 그곳에 이르러 대비의 음성으로 그를 위해 제법의 실상을 널리 설법하면서 죄를 소멸하는 방법을 설하는데, 그 말씀을 듣고 나면 때맞추어 곧 보리심을 일으키게 된다."[87]

이처럼 하품하생에 대하여 자세하게 설하고 있다. 비록 12

겁 동안 연꽃 속에 있을지라도 거기에서 수용하는 쾌락은 도리천의 경우와 같다. 때문에 옛사람은 다음과 같이 말했다.

"연꽃 속의 쾌락은 도리천의 경우와 같은데 인간세계에서 부모의 태속에 비할 바가 아니다."[88]

오역죄와 십악을 짓고서도 극락에 태어나는 자에 대하여 『관경소』에서는 다음과 같이 말한다.

"염불을 함으로써 죄와 업장을 제멸하는 까닭에 염불이야말로 극락세계에 왕생하는 데 있어서 가장 뛰어난 인연이다."[89]

내가 경전의 뜻을 좀더 자세하게 말하자면 다음과 같다. 곧 이 염불로 인하여 죄를 소멸하고 왕생을 한다. 그런데 이에 대하여 『疏』와 『論』을 통하여 그것을 설명하면 여기에도 곧 세 가지 뜻이 있다.

첫째,

어떤 사람이 묻는다 :

어찌하면 젊은 시절의 心과 力으로써 종신토록 지어온 악업을 능가할 수 있습니까.

답한다 :

마음이란 젊었을 때일지라도 그 힘이 猛利하다. 그 마음

---

87) 『佛說觀無量壽佛經』, (『大正新脩大藏經』 12, p.346上)
88) 『樂邦文類』 卷5, (『大正新脩大藏經』 47, p.226下)
89) 『觀無量壽佛經疏』, (『大正新脩大藏經』 37, p.194中)

은 용감하고 결단력이 있는데 그것을 大心이라 말한다. 捨身을 하는 것은 사태가 급박하기 때문이다. 마치 사람이 陣中에 들어가서 신명을 아끼지 않는 경우를 健人이라 말하는 것과 같다.

둘째,

그 사람은 비록 악업을 지었다 할지라도 현세에 일찍이 삼매를 닦은 까닭에 죽음에 이르러서 勸念하면 定心이 쉽게 성취되는 것은 그 또한 지혜를 얻는 것에만 주력하고 계율에 소홀한 사람이다. 설령 현세에는 삼매를 닦지 못했다 할지라도 그 또한 전생에 심어놓은 종자가 금세에 성숙되었기 때문이다. 죽음에 이르러 선지식을 만난 것은 십념의 공덕이 성취된 것이다.

셋째,

만약 전생에 심어놓은 종자도 없고 현세에 닦은 것도 없다면 곧 염불을 할 때에 반드시 크게 후회를 하게 된다. 때문에 영명연수는 말한다.

"선과 악은 정해져 있지 않고 인연의 체는 공하지만, 자취[迹]에는 升과 沈이 있고 현상[事]에는 優와 劣로 나뉜다. 1냥의 진금은 100냥의 첩화(疊華 : 印度에서 나는 값이 비싼 천이다)보다 낫다. 횃불은 불빛이 작지만 만 길의 풀더미를 불살라버리고 만다."[90]

18.

問曰 五濁惡世人皆有罪 縱未造五逆重罪 其餘罪業孰能無
之 苟不懺悔消滅 但只臨終念佛能往生乎 答曰 亦得生也 此
乃全藉彌陀不思議之大願力也 那先經云 如持百枚太石置於
船上 藉船力故石不沒水 若無其船 小石亦沒 喻彼世人一生
造惡臨終念佛不入泥犁 若非念佛 雖作小惡 亦入泥犁 況大
惡乎 船喻佛力 石喻惡業 故昔人有帶業而生之說 四土文中
亦云 具惑染者亦得生同居淨也 又如僧雄俊 臨入鑊湯 并汾
州人屠牛為業 臨終見群牛逼觸其身苦痛切己 及張鐘馗殺雞
為業 臨終見神人驅群雞喙破兩目流血盈床 稱佛名號俱生淨
土 此非佛力而何請 復以喻明之 如人現犯官法 應入官內 以
投託國王 承王宣召 則官不能拘 而復達帝京也 所以西資鈔
云 得生淨土 是假他力 彌陀願攝釋迦勸讚諸佛護念 如渡大
海 既得巨舟 仍有良導 加以便風必能速到彼岸也 若其不肯
登舟 遲留惡國者 誰之過歟

18. 대원력이 있으면 오탁악세의 범부중생도 왕생
한다.

묻는다 :

---

90) 『萬善同歸集』 卷上, (『大正新脩大藏經』 48, p.967上)

오탁악세의 사람들은 모두 유죄입니다. 그래서 설령 오역의 중죄는 짓지 않더라도 그 밖의 죄업이야 어찌 그들에게 없겠습니까. 그러므로 진실로 참회하여 소멸시키지 못하고서 무릇 임종시에 염불하는 것만으로 왕생할 수가 있겠습니까.

답한다 :

[그래, 그들도 또한 왕생할 수가 있다. 그것은 이에 전적으로 아미타불의 불가사의한 대원력 때문이다. 『나선경』에서는 다음과 같이 말한다.

'마치 백 개의 큰 돌을 배에 실었을 때 배의 힘에 의하여 그 돌이 물속에 가라앉지 않는 경우와 같습니다. 만약 그 배가 없다면 아무리 작은 돌멩이라도 물속에 가라앉고 말 것입니다. 비유하면 저 세간사람이 일생 동안 악행을 지었지만 임종시에 염불을 하면 지옥에 떨어지지 않습니다. 그러나 만약 염불이 아니라면 비록 제아무리 작은 악행일지라도 또한 지옥에 떨어지고 맙니다. 하물며 큰 악행이겠습니까.' 여기에서 배는 부처님의 힘을 비유하고 돌멩이는 악업을 비유합니다.'

때문에 옛사람은 업을 지니고 있으면서도 왕생한다는 설명이 있는데, 그것은 四土91)에 대한 글에서도 또한 '惑染을

---

91) 四土에 대하여 천태종에서는 ① 凡聖同居土 ② 方便有餘土 ③ 實報無障礙土 ④ 常寂光土 등을 말한다.

지닌 자도 또한 범성동거정토에 왕생한다.'고 말한다.

또 '저 웅준은 스님이었지만 확탕지옥에 들어가는 지경에 이르렀고, 병주와 분주의 사람들은 모두 소를 도살하는 것으로 직업을 삼았는데, 임종시에 소의 떼가 그 몸에 逼觸하여 고통을 절감하는 모습을 보았으며, 장종규는 닭을 잡는 것을 직업으로 삼았는데 임종시에 신인이 닭의 떼를 몰고왔는데 닭의 떼가 두 눈을 쪼아대자 피가 침상에 흥건했음을 보았다. 그러나 이들은 모두 부처님의 명호를 불렀기 때문에 다 정토에 왕생하였다.'

이러한 경우 부처님의 힘이 아니라면 어찌 구원받을 수 있었겠는가.

다시 비유로써 그것을 설명하자면 다음과 같다.

'어떤 사람이 막 官法을 범하였다면 응당 官內에 들어가서 처벌을 받아야 하겠지만, 국왕에게 의탁하여 왕의 부름을 받은 경우라면 관에서 그를 구속할 수 없고 다시 황궁까지 그를 보내주어야 한다.'

때문에 『西資鈔』에서는 다음과 같이 말한다.

'정토에 왕생할 수 있는 것은 곧 타력에 의한 것이다. 미타의 원력에 섭수되고, 석가의 勸讚을 받으며, 제불에게 護念받는 것은, 마치 대해를 건너갈 경우에 이미 큰 배를 확보하고, 이에 훌륭한 안내자가 있으며, 더욱이 편풍을 탄다면, 반드시 피안에 속히 도달할 수가 있는 경우와 같다. 그러나 만약 배에 올라타지 못하고 惡國에 지체하여 머물러있다면 그 누가 대해를 건너갈 수 있겠는가.')[92]

19.

　問曰 前云 博地凡夫便階不退 此必已無惡業者也 今此帶
業而生 能不退乎 答曰 例皆不退 經云 其有生者悉住正定之
聚 又云 眾生生者皆是阿鞞跋致 又十疑論云 有五因緣能令
不退 一者阿彌陀佛大悲願力攝持故不退 二者佛光常照菩提
心常增長故不退 三者水鳥樹林風聲樂音皆說苦空 聞者常起
念佛念法念僧之心故不退 四者彼國純諸菩薩以為良友 無惡
緣境 外無外道鬼魔 內無邪三毒等 煩惱畢竟不起故不退 五
者生彼國者壽命永劫 共佛齊等故不退也 又古人云 不願生
淨土則已 願生則無不得生 不生則已 生則永不退轉也

19. 진실로 왕생을 바라는 사람은 정토에서 물러나지 않는다.

　묻는다 :
　위에서 박지범부의 경우에도 그 계위에서 물러나지 않는다고 말했는데, 그것은 필시 이전에 악업이 없는 사람일

---

92) 『淨土十要』 卷6, (『卍續藏』 61, pp.697下-698上) ; 『樂邦文類』 卷4,
　　(『大正新脩大藏經』 47, p.201上) 참조.

것입니다. 그런데 지금 업을 지니고 태어난 사람도 그처럼 물러남이 없겠습니까.

답한다 :

[예를 든 것처럼 모두 물러남이 없다. 경전에서는 '태어난 사람은 모두 正定聚에 머문다.'고 말한다.

또 다음과 같이 '중생으로서 태어난 사람은 모두 아비발치[93]이다.'고 말한다.

또 『십의론』에서는 다음과 같이 말한다.

'다섯 가지 인연이 있어서 물러남이 없게 해준다. 첫째는 아미타불이 대비원력으로 섭지하기 때문에 물러남이 없다. 둘째는 부처님의 광명이 항상 보리심을 비춰주어 항상 증장하기 때문에 물러남이 없다. 셋째는 물·새·나무·숲·바람소리·음악소리 등이 모두 苦와 空을 설하는데 그것을 듣는 자는 항상 염불·염법·염승의 마음을 일으키는 까닭에 물러남이 없다. 넷째는 그 국토에서는 순전히 모든 보살이 좋은 친구이기 때문에 악연의 경계가 없고, 밖으로 외도와 귀마가 없으며, 안으로 삿된 삼독이 없어서, 필경에 번뇌가 일어나지 않는 까닭에 물러남이 없다. 다섯째는 그 국토에 태어나는 자는 수명이 영겁이어서

---

93) 阿鞞跋致(avinivartanīya) : 阿惟越致 또는 阿鞞跋致라고도 하는데 不退·無退·不退轉·不退位라 번역한다. 제8지보살로서 불퇴전보살을 상징한다.

부처님과 나란하기 때문에 물러남이 없다.'

또 고인은 '정토에 왕생하기를 바라지 않으면 이미 그렇 겠지만, 왕생을 바라면 곧 왕생을 얻지 못함이 없다. 왕생 하지 않으면 이미 그렇겠지만, 왕생하면 곧 영원히 퇴전이 없다.'고 말한다.]94)

20.

問曰 一生造惡 臨終念佛帶業得生 又無退轉 此彌陀願力 誠乎 不可思議矣 然則我於生前 且做世間事業 直待臨終然 後念佛 可乎 答曰 苦哉苦哉 何等愚謬之言也 砒霜酖酒毒中 之毒 今汝此言毒於砒霜酖酒者也 非特誤賺自己 又且誤賺 天下曰僧曰俗善男信女 皆此言也 向所謂逆惡凡夫臨終念佛 者 乃是宿有善根福德因緣 方遇知識 方得念佛 此等僥倖萬 萬人中無一箇半箇 汝將謂人人臨終有此僥倖哉 豈不見群疑 論云 世間有十種人 臨終不得念佛 一者善友未必相遇故無 勸念之理 二者業苦纏身不遑念佛 三者或偏風失語不能稱佛 四者狂亂失心注想難成 五者或遭水火不暇至誠 六者遭遇豺 狼無復善友 七者臨終惡友壞彼信心 八者飽食過度昏迷致死 九者軍陣鬪戰奄忽而亡 十者忽墜高巖傷壞性命 如此等十種 之事 皆是尋常耳聞眼見 不論僧俗男女 人皆有之 或宿業所

94) 『樂邦文類』 卷5, (『大正新脩大藏經』 47, p.216中)

招 現業所感 忽爾現前 不容迴避 爾又不是神通聖人 有宿命
通能知臨終有業無業　又不是有他心天眼能知臨終好死惡死
如上十種惡緣忽然遭著一種　便休了也　便做手脚不得了也
便有知識活佛圍繞 救爾不得了也 便須隨業受報 向三途八
難中受苦受罪　到那時要聞佛名不聞了也　直饒爾無此惡緣
只是好病而死 亦不免風刀解體四大分離 如生龜脫筒螃蟹落
湯 痛苦逼迫怕怖惶惶 念佛不得了也 更饒爾無病而死 又或
世緣未了 世念未休 貪生怖死 擾亂胸懷 若是俗人又兼家私
未明 後事未辦 妻啼子哭 百種憂煎 念佛不得了也 更饒爾未
死以前 只有些少病痛在身 忍疼忍苦 叫喚呻吟 問藥求醫 祈
禱懺悔 雜念紛飛 念佛不得了也 更饒爾未病以前 只是年紀
老大 衰相現前 困頓龍鍾 愁嘆憂惱 只向箇衰老身上 左安右
排 念佛不得了也 更饒爾未老以前 正是少壯之日 正好念佛
之時 稍或狂心未歇 俗務相關 東攀西緣 胡思亂相 業識茫茫
念佛不得了也 更饒爾閑自在有志修行 稍於世相之中 照不
破放不下 把不定坐不斷 忽遭些子境界現前 一箇主人隨他
顛倒 念佛不得了也 爾看他老病之時少壯清閑之日 稍有一
事掛心 早是念佛不得 況待臨終時哉 何況爾更道 且做世間
事業 爾真癡人說此癡話 敢保爾錯用身心了也 且世間事業
如夢如幻如影如響 那一件有實效 那一件替得生死 縱饒廣
造伽藍多增常住 攀求名位交結官豪 爾將謂多做好事 殊不
知犯了如來不體道本廣造伽藍等戒 豈不見道 有為之功多諸

過咎 天堂未就 地獄先成 生死未明 皆成苦本 眼光落地 受苦之時 方知平生所作盡是枷上添枷 鎖上添鎖 鑊湯下增柴炭 劍樹上助刀鎗 袈裟下失却人身 萬劫難復 鐵漢聞之 也須淚落 祖師如此苦口勸人 曾許爾且做事業 待臨終方念佛乎 又不見 死心禪師道 世間之人財寶如山 妻妾滿前〈室?〉日夜歡樂 他豈不要長生在世 爭奈前程有限暗裏相催 符到奉行 不容住滯 閻羅老子不順人情 無常鬼王有何面目 且據諸人眼裏親見耳裏親聞 前街後巷 親情眷屬 朋友兄弟 強壯後生死却多少 世人多云待老來方念佛 好教爾知 黃泉路上無老少 能有幾人待得老 到少年夭死者多矣 古人云 莫待老來方念佛 孤墳多是少年人 又云 自從早年索妻養兒 經營家計 受盡萬千辛苦 忽然三寸氣斷 未免一旦皆休 若是孝順兒孫 齋得幾僧看得部經 燒得陌紙 春三秋九做得碗羹飯 哭得幾聲猶是記憶爺娘 若是不肖之子 父母方死 骨頭未冷 作撻財產出賣田園 恣意作樂 以此較之 著甚麼急 兒孫自有兒孫福 莫與兒孫作馬牛 復引古德云 冷笑富家翁 營生忙似箭 囤內米生虫 庫中錢爛貫 日裏把秤稱 夜間點燈算 形骸如傀儡 莫教繩索斷 死心如此苦口勸人 曾許爾且做事業 待臨終方念佛乎 當思人生在世能有幾時 石火電光眨眼便過 趁此未老未病之前 抖擻身心撥棄世事 得一日光景念一日佛名 得一時工夫修一時淨業 由他臨命終時 好死惡死我之盤纏預辦了也 我之前程穩穩當當了也 若不如此 後悔難追 思之思之

20. 살아생전에 기회가 있을 때마다 부지런히 염불 해야 한다.

묻는다 :

일생동안 악을 지었어도 임종시에 염불을 하면 그 염불 업에 따라서 생을 받고 또 퇴전이 없습니다. 이것은 아미 타불의 원력이 참된 것이고 불가사의한 것이기 때문입니 다. 그런즉 저는 생전에 세간의 사업을 해왔는데 임종이 다가와서야 연후에 염불을 하면 그것이 가능합니까.

답한다 :

안타깝고 안타깝구나. 어찌 그처럼 어리석고 잘못된 말 을 하는 것인가. 그대는 비상과 짐주로서 독 가운데 독이 다. 지금 그대가 한 그 말은 비상과 짐주에 중독된 것으로 자기를 잘못 속이는 것일 뿐만 아니라 또한 천하를 속이는 것이다. 승과 속의 善男과 信女들도 또한 모두 그런 말을 한다.

저 위에서 말했듯이 오역 및 십악의 범부로서 임종시에 염불을 하는 자는 이에 숙세의 선근과 복덕의 인연이 있었 던 까닭에 바야흐로 선지식을 만나고 바야흐로 염불을 할 수가 있었던 것이다. 그러나 이들은 요행스럽게도 억명 가 운데 일개 반개도 되지 않는다. 그런데도 그대는 장차 사 람들이 임종시에 그와 같은 요행을 얻을 수 있을 것이라고 말하겠는가.

[『군의론』의 다음과 같은 말을 들어보지 못했는가.

"세간에는 임종시에도 염불을 하지 못하는 사람에 10종이 있다.

첫째는 선우를 만나지 못한 까닭에 권념의 도리가 없는 경우이다.

둘째는 業苦가 몸을 감싸고 있어서 염불을 서두르지 못한 경우이다.

셋째는 중풍에 걸려서 아미타부처님을 부를 수 없는 경우이다.

넷째는 狂亂·失心·注想으로는 성취할 수가 없는 경우이다.

다섯째는 수재와 화재를 만나서 지성으로 할 겨를이 없는 경우이다.

여섯째는 豺狼과 같은 사람을 만나서 다시는 선우가 되지 못하는 경우이다.

일곱째는 임종시에 악우가 그 신심을 파괴하는 경우이다.

여덟째는 과도하게 포식하고 혼미하여 죽음에 다다른 경우이다.

아홉째는 전쟁의 싸움터에서 자칫하면 죽게 되는 경우이다.

열째는 갑자기 높은 바위에서 떨어져 목숨이 위태로운

경우이다."]95)

이와 같은 10종의 경우는 모두 흔히 보고 듣는 경우로서 승·속·남·녀를 막론하고 사람이라면 모두 처해있는 상황이다. 혹 숙업에 얽매이거나 현업에 감응되어 홀연히 그것이 현전하면 회피할 수가 없다. 그리고 그대는 또한 신통력이 있는 성인도 아니다. 숙명통이라도 지니고 있어야만 임종시에 과거의 업이 있었는지 과거의 업이 없었는지 알 수가 있다. 또한 타심통과 천안통으로 임종시에 호사할 것인지 악사할 것인지 알 수 있는 상황도 아니다.

위의 10종 악연을 어떤 경우로든지 홀연히 마주친다면 곧 그만 두어야 한다. 손발을 움직여서 어찌할 수 있는 것이 아니다. 선지식이나 활불이 에워싸고 있다 할지라도 그대를 어찌해줄 수 있는 것이 아니다. 그러므로 모름지기 업을 따라서 과보를 받는다.

저 삼도와 팔난 가운데서 고를 받고 죄를 받으면 어느 때에 이르러 부처님의 명호를 듣고자 해도 들을 수가 없다.

설령 그대한테 이와 같은 악연이 없어서 단지 가벼운 병에 걸려서 죽었다고 할지라도 또한 바람과 칼로 사대가 해체되고 분리되는 것을 모면할 수는 없다. 마치 살아있는 거북이가 통을 벗어나려는 경우 및 방게가 끓는 물에 떨어

---

95) 『樂邦遺稿』 卷上, (『大正新脩大藏經』 47, p.239中)

진 경우처럼 고통이 핍박하고 두려움과 공포가 크면 염불을 할 수가 없다.

또 설령 그대가 병이 없이 죽는다 할지라도 세속의 인연을 다하지 못하고 세속의 생각을 멈추지 못하며 생을 탐하고 죽음을 두려워하며 어지럽게 헤맨다.

만약 세속인이 또한 家私를 해결하지 못하고 후사를 정하지 못하며 처자들이 울고 온갖 근심거리가 끓는다면 염불을 할 수가 없다.

또 설령 아직 죽기 이전으로서 단지 몸에 사소한 병만 있어서 아프고 쓰라림을 견디고 신음을 내면서 약을 찾고 의사를 모시며 기도하고 참회하며 잡념이 분분할 때는 염불을 할 수가 없다.

또 설령 병에 걸리기 이전이라 할지라도 단지 나이가 많아서 신체의 노쇠가 현전하고 몸이 견딜 수 없을 정도로 피곤하며 근심걱정으로 괴로워하고 단지 노쇠한 신체가 여기저기에 드러나면 염불을 할 수가 없다.

또한 설령 그대가 늙기 이전이라 할지라도 바로 젊은 시절에 염불하기 딱 좋은 시절인데도 약간만이라도 狂心이 그치지 않아서 세속의 업무에 관계하고 동분서주하면서 번거로운 일에 휩싸여 업식이 망망하면 염불을 할 수가 없다.

또한 설령 그대가 한가롭고 자재하며 수행할 뜻을 지니고 있을지라도 조금만이라도 세간사에 관심을 두어서 살펴지 못하고 방하착하지 못하여 선정에 들지 못하고 좌선하지 못하면 홀연히 사소한 경계가 현전하는 것을 만나서 자기의 주인공이 남을 따라서 전도되면 염불을 할 수가 없다.

그대는 보라. 저 늙고 병에 걸렸을 때와 젊고 한가한 시절에도 조금도 마음을 두어 일찍이 염불할 수가 없었는데, 하물며 임종시를 기다려서 염불을 하겠다니, 어찌 그대가 그런 말을 할 수 있단 말인가. 또 세간의 사업을 하고 있는 상황이기 때문에 그대는 진정으로 어리석은 말을 하고 어리석은 이야기를 하고 있다.

감히 보증하건대 그대는 몸과 마음에 대하여 착각하고 있다. 또 세간의 사업은 夢·幻·影·響과 같아서 그 가운데 어느 것 하나가 실효가 있겠고, 어느 것 하나가 생사를 벗어날 수 있겠는가. 설령 널리 가람을 짓고 많은 사람이 상주한다 할지라도 명예와 지위를 추구하려고 매달리고 고관대작 사람들과 인연을 맺으려고 안달하는 것 뿐이다. 이와 같은 행위로써 그대가 장차 좋은 일을 많이 한다고 할지라도 그것이야말로 여래를 욕보이는 것이고 깨침의 근본을 체험하지 못한 것인 줄은 전혀 모르는[殊不知] 처사다. 그러므로 널리 가람을 짓고 등등의 행위를 경계해야 한다.

어찌 다음과 같은 말을 들어보지 못했는가.

['유위의 공은 많은 허물이 있다. 그래서 천당에 나아가기 전에 지옥이 먼저 성취된다. 이에 생사를 해명하지 못

하고 모두 고통의 근원만 성취될 뿐이다. 그래서 죽음에 이르러 고통을 받을 때에야 바야흐로 평생 동안 지어 온 행위가 모두 칼[枷] 위에다 다시 칼[枷]을 덧씌우는 것만 되고, 족쇄[鎖] 위에다 다시 족쇄[鎖]를 덧씌우는 것이 되며, 확탕 밑에다 다시 땔감을 보태는 것이 되고, 검수에다 다시 칼과 창을 덧대는 것이 되는 줄을 알아차리게 된다. 가사를 걸치고도 人身을 잃어버리면 만겁을 지내도 인신을 회복하기 어려우니, 鐵漢이 듣는다면 모름지기 눈물을 흘릴 것이다.'

조사는 이와 같이 고구정녕하게 사람들에게 염불을 권장하였다. 그런데 그대는 일찍이 그와 같은 세속의 사업을 해왔으면서 임종을 기다려서 바야흐로 염불을 하겠다는 것인가.]96)

또 다음과 같은 말을 들어보지 못했는가.

[황룡사심 선사가 말했다.

"세간의 사람들은 재보가 산처럼 많고, 처첩을 방마다 가득히 들여놓으며, 밤낮으로 환락을 누린다. 그런 사람은 어찌 세간에서 장생하려는 것을 필요로 하지 않겠는가. 그리고 앞길이 유한한데도 어찌 어둠속에서 서로 다투는 것인가. 그러다가 염라대왕의 신표[符]가 도달하면 받들어 행하여 住滯

---

96) 『淨土十要』 卷6, (『卍續藏』 61, p.698中-下)

하려고 해도 용납되지 않는다. 염라노인은 인정을 따르지 않는다. 그런데 무상귀왕에게 어찌 면목이 있겠는가.

또 많은 사람들의 말에 의거해보면, 다음과 같이 눈으로 친히 보고 귀로 친히 들었다고 한다. 곧 앞길과 뒷길에서 친정과 권속과 붕우와 형제들과 건강한 후생들이면서도 죽어가는 사람이 아주 많다. 그런데 세간의 사람들은 늙음을 기다려서야 바야흐로 염불을 하겠다고 말한다.

이제 잘 가르쳐줄 터이니, 그대는 알아야 한다. 황천으로 가는 길에는 노·소가 따로 없다. 그런데 과연 몇 사람이나 늙음을 기다릴 수 있겠는가. 젊은 나이에 요사하는 사람도 허다하다.

고인은 말한다.

'늙음을 기다려서야 바야흐로 염불한다고 말하지 말라. 외로운 무덤은 대부분 젊은 나이에 죽은 사람들이다.'

또 다음과 같이 말한다.

'어린 나이 때부터 처를 맞이하고, 아이를 기르며, 가계를 경영하고, 갖가지 천신만고를 받다가 홀연히 죽음에 이르렀지만, 하루아침에 다 그것을 내려놓지 못하였다. 만약 효순하는 아손이라면 몇 명의 승에게 공양을 하였고, 몇 부의 경전을 독송하였으며, 얼마치의 돈을 불살랐고, 춘삼월과 한식과 추석에 몇 그릇의 국과 밥을 올렸으며, 몇 차례나 곡을 하였는지 똑똑히 그 부모에 대하여 기억하고 있

을 것이다. 그러나 만약 불초한 자식이라면 부모가 바야흐
로 돌아가시고 온기가 식지도 않았는데, 벌써부터 재산을
탕진하고 전답을 매각하며 마음대로 놀이에 빠진다.'

이로써 비교하자면 얼마나 화급을 다투는 일이겠는가.
아손은 본래 아손의 복을 타고난다. 그러므로 아손에게 말
과 소 등의 재산을 남겨주지 말아야 한다.

다시 고덕의 다음과 같은 말을 인용해본다.

'부잣집 노인네이지만 그는 날아가는 화살처럼 바쁘게
살아가는 것을 냉소한다. 쌀독에서는 쌀벌레가 생겨나고
창고에서는 돈다발이 넘친다. 낮 동안은 저울질을 하고 밤
에는 불을 켜고 계산을 한다. 형체가 꼭두각시와 같으니
줄이 끊어지지 않도록 해야 한다.'"

황룡사심은 이와 같이 고구정녕하게 사람들에게 염불할
것을 권장하였다. 일찍이 그와 같이 세간의 사업을 하면서
임종을 기다려서 바야흐로 염불할 수 있겠는가. 반드시 생
각해 보라. 인생이 세간에 머무는 것이 얼마나 되겠는가.
전광석화처럼 눈 깜짝할 사이에 지나가버린다. 지금부터
늙기 전에 그리고 병들기 전에 두타[抖擻]의 몸과 마음으
로 세간사를 버리고, 하루 동안 광경을 보면 하루 동안 부
처님 명호를 염하고, 한 시간 동안 공부를 하면 한 시간
동안 업이 청정해진다. 이를 말미암아서 임종시에 호사 혹
은 악사가 내 몸의 주변에서 미리 결정되어 있다. 그러면

자신의 앞길은 온온하고 당당할 것이다. 만약 이와 같이
하지 못한다면 후회막급이다.

　그러므로 잘 생각하고 잘 생각해 보라.]97)

21.

　問曰 吾之言過矣 駟不及舌矣 承師之教 誰不寒心 奈何人
心易進易退 一聞警策 勇猛精勤 忽於目前逢一障難 便轉念
頭別求方便 都道淨業只是身後之事 於今目前無所利濟 從
此身心一時放退 是亦無怪其然耶 答曰 汝之所見未廣也 豈
不見經中道 受持佛名者 現世當獲十種勝利 一者晝夜常得
一切諸天大力神將河沙眷屬隱形守護 二者常得二十五大菩
薩如觀世音等及一切諸菩薩常隨守護 三者常得諸佛晝夜護
念阿彌陀佛常放光明攝受此人 四者一切惡鬼若夜叉若羅刹
皆不能害 一切毒蛇毒龍毒藥悉不能中 五者火難水難冤賊刀
箭牢獄枷鎖橫死狂生悉皆不受 六者先所作業悉皆消滅 所殺
冤命彼蒙解脫更無執對 七者夜夢正直 或復夢見阿彌陀佛勝
妙色像 八者心常歡喜 顏色光澤 氣力充盛 所作吉利 九者常
為一切世間人民恭敬供養歡喜禮拜 猶如敬佛 十者命終之時
心無怖畏 正念現前 得見阿彌陀佛及諸聖衆持金蓮華接引往
生 西方淨土盡未來際受勝妙藥 如上十種利益 經文具載 乃

---

97) 明 宗本, 『歸元直指集』 卷上, (『卍續藏』 61, pp.427下-428上)

佛口之所宣也 既是現生來世皆有利益 然則世出世間要緊法
門 無如念佛者矣 但當精進不用懷疑

21. 몸이 죽을 때까지도 의심 및 후회가 없어야 한다.

묻는다 :

제 말이 지나쳤습니다. 네 마리 말이 끄는 수레로도 혀
에 미치지 못하는 법입니다. 스님의 가르침을 이해하고나
면 그 누구라도 낙심하지 않을 것인데, 그 어떤 사람의 마
음이 쉽게 나아가고 쉽게 물러나겠습니까. 일단 경책을 들
으면 용맹스럽게 정진하고 홀연히 목전에서 하나의 障難
을 마주치더라도 곧 생각을 바꿔서 다른 방편을 추구할 것
입니다. 그런데 모든 깨침은 비록 청정한 업일지라도 단지
이 몸이 죽은 이후에는 지금처럼 목전에서 아무런 이익과
구제도 없을 것입니다. 이로부터 몸과 마음이 일시에 放退
하면 이 경우에도 또한 그와 같아서 괴이하지 않겠습니까.

답한다 :

그대의 소견은 넓지 못하구나. 경전에서 다음과 같이 말
하는 것을 어찌 보지 못하였는가.

[부처님 명호를 받고 지니는 자는 현세에서 반드시 10종
의 뛰어난 이익을 얻는다.

첫째는 주야로 항상 일체 제천의 대력신장 및 河沙와 같

은 권속이 숨어있는 형태로 수호해준다.

둘째는 항상 25명의 대보살을 만나는데 관세음보살 및 일체의 제보살들이 항상 따라다니며 수호해준다.

셋째는 항상 제불이 주야로 호념해주는 것을 만나는데, 아미타불이 항상 광명을 내어서 그 사람을 섭수해준다.

넷째는 야차와 나찰과 같은 일체의 악귀들이 다 해를 입히지 못하고, 일체의 독사와 독룡과 독약들이 중독시키지 못한다.

다섯째는 화난 · 수난 · 원적 · 刀箭 · 牢獄 · 枷鎖 · 橫死 · 狂生 등을 전혀 받지 않는다.

여섯째는 이전에 지은 업이 모두 소멸되고, 죽음을 당한 冤命들이 해탈을 얻으며 다시는 집착하여 상대하는 일이 없다.

일곱째는 밤에 꿈이 순조롭다. 혹 다시 꿈에서 뛰어나고 오묘한 아미타불의 모습을 친견하기도 한다.

여덟째는 마음이 항상 환희롭고 얼굴에 광택이 나며 기력이 충만하여 하는 일이 잘 풀린다.

아홉째는 항상 일체세간의 인민들에게 공경을 받고 공양을 받으며 환희하면서 예배를 받는데, 마치 부처님처럼 공경을 받는다.

열째는 임종시에 마음에 두려움이 없고, 정념이 현전하며, 아미타불을 친견하고, 및 제성중이 금련화를 들고 왕생으로 안내하는 것을 받아서 서방정토에서 미래가 다하

도록 뛰어난 묘약을 받는다.]98)

　이와 같은 열 가지 이익에 대해서는 경전에 구체적으로 수록되어 있어서 곧 부처님의 입으로 설명해놓은 사실들이다. 이처럼 이미 현생과 내세에 걸쳐서 모두 이익을 받는다. 그런즉 세간과 출세간에서 요긴한 법문으로서 저 염불과 같은 것은 달리 없다. 그러므로 무릇 반드시 정진해야지 의심해서는 안된다.

22.

　問曰 念佛之門多承開導 群疑盡釋 正信現前矣 但上文所謂抖擻身心撥棄世事 今世網中人間有境緣順便身意安閑者 則可依此而行 其有世事不容撥棄者 又當何以教之 答曰 世網中人若是痛念無常用心眞切者 不問苦樂逆順靜鬧閒忙 一任公私幹辦迎賓待客 萬緣交擾 八面應酬 與他念佛 兩不相妨 不見古人道 朝也阿彌陀 暮也阿彌陀 假饒忙似箭 不離阿彌陀 又云 作〈竹?〉密不妨流水過 山高豈礙白雲飛 其有世緣稍重 力量稍輕者 亦須忙裏偸閑鬧中取靜 每日或念三萬聲一萬聲三千聲一千聲 定爲日課 不容一日放過 又有冗忙之極頃刻無閑者 每日晨朝必須十念 積久功成 亦不虛棄 念佛之外 或念經禮佛懺悔發願 種種結緣種種作福 隨力布施

98) 『樂邦文類』 卷2, (『大正新脩大藏經』 47, p.168上-中)

修諸善功以助之 几一毫之善皆須回向西方 如此用功 非惟
決定往生 亦且增高品位矣

22. 세간사의 고 · 락에 상관없이 한결같이 염불해
야 한다.

묻는다 :

염불문은 대부분 이해하여 갖가지 의심이 모두 해소되
어 正信이 현전하였습니다. 그런데 무릇 위의 글에서 말씀
하신 두타수행[抖擻] 곧 몸과 마음으로 세간사를 버려야
한다는 것에 대하여 말씀드립니다. 오늘날 세간의 사람들
에게는 경계의 반연이 順하면 몸과 마음이 편안하고 한가
로워서 곧 그것에 의지하여 수행을 하지만, 세간사가 여의
치 못하면 곧 폐기해버립니다. 이런 상황에서 마땅히 그들
을 어떻게 가르쳐야만 합니까.

답한다 :

세간의 사람일지라도 만약 무상을 통념하고 진지하고
간절하게 용심하는 사람이라면 괴로움[苦] · 즐거움[樂] ·
거스름[逆] · 따름[順] · 고요함[靜] · 시끄러움[鬧] · 휴식
[間] · 바쁨[忙] 등을 막론하고 공 · 사간에 열심히 힘쓰고,
손님을 대하며, 온갖 반연에 마주치면서 팔면으로 응수하
면서도 그런 상황에서도 염불을 계속하는데 업무와 염불

의 두 가지가 전혀 방해롭지 않는다.

그래서 고인의 다음과 같은 말을 들어보지 못했는가.

"아침나절에도 나무아미타불, 저녁나절에도 나무아미타불, 화살이 날아오는 것처럼 시간이 바빠도 나무아미타불을 염불하는 것을 벗어나지 않는다."[99]

또한 다음과 같이 말하였다.

"대나무가 빽빽하게 나 있어도 흘러가는 물의 길을 막지 않고, 산이 높다한들 어찌 흰구름이 나는 것을 장애하겠는가."[100]

세간사의 반연이 비록 지극히 무겁고 역량이 지극히 가볍다 할지라도, 또한 모름지기 바쁜 가운데서 더욱더 한가하고, 시끄러운 속에서 고요를 취해야 한다. 매일 삼만 번, 혹은 일만 번, 혹은 삼천 번, 혹은 일천 번이라도 나무아미타불 염불을 일과로 정하되, 하루도 그냥 지나쳐서는 안 된다. 또한 쓸데없이 바쁜 가운데서 찰나도 한가롭지 못한 사람일지라도 매일 새벽이나 아침에 반드시 십념을 하여 오랫동안 쌓아가면 공이 성취되고, 또한 헛되게 세월을 지내지 않게 된다. 염불 이외에도 혹 염경, 예불, 참회, 발원으로 갖가지 결연하여 갖가지 복을 지으며 능력을 따라서 보시하면서 모든 선근공덕을 닦아서 그것을 계속하면서

---

99) 『念佛超脫輪迴捷徑經』, (『卍續藏』 1, p.364中)
100) 『圓悟佛果禪師語錄』 卷6, (『大正新脩大藏經』 47, p.739中)

가는 티끌만치라도 모든 경우에 서방을 향해서 회향해야
한다. 이와 같이 用功하면 결정코 왕생할 뿐만 아니라 또
한 더욱더 품위를 높일 수가 있다.

23.

　問曰　泛〈凡?〉言念佛未有其方　且十念回向之法亦所未諭
幸詳以示之　答曰　念佛者或專緣三十二相　繫心得定　開目閉
目常得見佛　或但專稱名號執持不散　亦於現身而得見佛　此
間現見　多是稱佛名號為上　稱佛之法必須制心不令散亂　念
念相續繫緣佛號　口中聲聲喚阿彌陀佛　以心緣歷字字分明
稱佛名時　無管多少　並須一心一意心口相續　如此方　得一念
滅八十億劫生死之罪　若不然者　滅罪良難　十念者　每日清晨
面西正立合掌　連聲稱阿彌陀佛　盡一氣為一念　如是十氣名
為十念　但隨氣長短　不限佛數多少　唯長唯久　氣極為度　其
佛聲不高不低　不緩不急　調停得中　如是十氣連屬不斷　意在
令心不散專精為功故　名此為十念者　顯是藉氣束心也　盡此
一生不得一日暫廢　回向發願者　念佛既畢即云　弟子某一心
歸命極樂世界阿彌陀佛　願以淨光照我　慈誓攝我　我今正念
稱如來名　為菩提道求生淨土　佛昔本誓　若有眾生欲生我國
至心信樂乃至十念　若不生者不取正覺　願此念佛因緣得入如
來大誓海中　承佛慈力　眾罪消滅　淨因增長　若臨命終自知時
至　身無病苦　心不貪戀亦不顛倒　如入禪定　佛及眾聖手持金

臺來迎接我 如一念頃生極樂國 花開見佛 即聞佛乘頓開佛
慧 廣度衆生滿菩提願 如上念佛之法 至於回向 乃先德垂訓
切要之方盛傳於世久矣 當遵而行之

23. 염불수행의 실제적이고 구체적인 방법을 말한다.

묻는다 :

무릇 염불이란 말은 그 방도가 따로 있는 것이 아니고,
그리고 십념으로 회향하는 방법도 또한 구체적으로 설명
되어 있는 것이 없습니다. 바라건대 그것에 대하여 자세하
게 설명해주십시오.

답한다 :

[염불하는 사람으로서 어떤 사람은 오로지 32상에 대해서만
반연하여 마음을 모아두고서 선정을 터득하기도 하여 눈을
뜨건 눈을 감건 항상 견불을 하고, 어떤 사람은 무릇 오로지
명호만 불러서 마음을 모아서 흩어지지 않게 하여 또한 현
신에서 견불하기도 한다. 요즈음에 現見하는 경우는 대부분
부처님의 명호를 부르는 것을 최상으로 간주한다.

부처님의 교법을 부를 때는 반드시 마음을 제어하여 산
란하지 않도록 해야 한다. 곧 염념에 상속하여 부처님의
명호에 繫緣하고, 입속에서는 소리마다 항상 아미타불을
부르며, 마음으로는 글자마다 분명하게 緣歷해야 한다. 부

처님의 명호를 부를 때는 그 다소에 상관없이 모름지기 一心·一意로써 마음과 입이 상속되어야 한다.

이와 같은 방식으로 하면 일념에 80억 겁의 생사 동안 지어온 죄를 소멸시킨다. 만약 그렇지 못하는 자는 죄를 소멸시키기가 대단히 어렵다.

십념이란 매일 정신이 맑은 새벽에 서쪽을 항해서 바르게 서서 합장하고 연속하여 아미타불을 부르되, 한 숨[一氣]이 다 꺼지도록 하는 것을 일념으로 간주한다. 이와 같이 하여 十氣 동안 하는 것을 십념이라 말한다. 무릇 숨[氣]을 따르는 데에는 길고 짧음이 있을 뿐이지, 부처님의 명호를 부르는 횟수의 다소에는 상관이 없다. 가능하면 길고 가능하면 오래도록 하되, 숨[氣]이 끝에 이르면 度가 된다. 부처님을 부르는 소리는 너무 높지도 않고, 너무 낮지도 않으며, 너무 늘어지지도 않고, 너무 다급하지도 않게 하여 조정하면 中을 터득할 수가 있다.

이와 같이 十氣를 연속해서 단절이 없도록 하는데, 그것은 마음이 산란하지 않고 신경을 써야만 오로지 정진하는 功이 이루어지기 때문이다. 이것을 십념이라 말하는데, 氣에 의지하여 마음을 단속하는[藉氣束心] 것을 드러내려면 이것을 일생 동안 다해야지 하루라도 그리고 잠시라도 그만두면 안된다.[101]

회향발원의 경우에는 십념의 염불을 마치고나면 다음과

같이 말한다.

"제자 누구누구는 극락세계의 아미타부처님께 일심으로 귀명합니다. 바라건대 청정한 광명을 저한테 비추어 주시어 자비의 서원으로 저를 섭수해주십시오. 제가 지금 정념으로 여래의 명호를 부르는 것은 菩提道를 위하여 정토에 왕생하기 위함입니다. 부처님께서는 옛적 本誓에서 다음과 같이 말씀하셨습니다.

'만약 어떤 중생에 제 국토에 태어나기를 바란다면 지심으로 신요하고 내지 십념해야 할 것입니다. 만약 왕생하지 못하여 정각을 성취하지 못한 사람이라면 바라건대 이 염불의 인연으로 여래의 대서원의 바다 가운데 들어가서 부처님의 자비력을 의지하여 온갖 죄가 소멸되고 청정한 인이 증장되게 할 것입니다. 만약 임종시에는 때가 도래하였음을 스스로 알고 몸에 병고가 없으며 마음에 탐욕과 연연함이 없고 또한 전도가 없어서 마치 선정에 들어간 것과 같아서 부처님과 衆聖들이 손에 금대를 지니고 찾아와서 저를 영접하여 일념 사이에 극락국토에 왕생할 것입니다. 이에 그곳에서 꽃이 피고 부처님을 친견하면 곧 부처님의 가르침을 듣고 곧장 부처님의 지혜를 얻어서 널리 중생을 제도하고 보리의 서원이 충만할 것입니다.'"

---

101) 遵式 述, 『往生淨土決疑行願二門』, (『大正新脩大藏經』 47, p.147上) 참조.

이와 같이 염불법은 회향에 이르기까지 이에 先德의 가르침이 절대적으로 필요하다. 이에 바야흐로 왕성하여 세간에 오랫동안 전승될 것이다. 그러므로 반드시 그것을 따라서 실천해야 한다.]102)

24.

問曰 世網中人隨量指授微細方法 靡不詳明矣 然則我輩世外之人又當何以加其工焉 答曰 前不云乎 修有多類 攝成三門 如是三門門門可入 或單或兼 隨意之所取耳

24. 觀想門, 憶念門, 衆行門의 삼문수행이 모두 가능하다.

묻는다 :

세간이라는 그물 가운데 있는 사람에게 그들의 역량을 따라 指授해주자면 미세한 방법으로서 상명하지 않으면 안됩니다. 그런즉 저희들은 세간을 벗어난 사람으로서 반드시 어떤 방법으로 그 공용을 더해야 합니까.

답한다 :

위에서 말하지 않았던가. 수행에는 다양한 종류가 있는

---

102) 『淨土十要』 卷6, (『卍續藏』 61, p.699中-下)

데 삼문[103])을 섭수하여 성취된다고. 그와 같이 삼문은 문 문마다 들어갈 수 있는데, 혹 낱낱 수행방식을 취하거나, 혹 겸수하는 방식을 취하거나, 마음이 내키는대로 수행방 식을 취하면 그만이다.

25.

問曰 圓觀之修 惟心之念 似乎上器之行門 華嚴十願 寶積 十心 亦乃大根之功用 倘根器之不對 則功行之難成 今吾自 揣其根觀吾所好 惟在專持名號 暇則或加禮拜懺悔而已 師 以爲如何 答曰 善哉善或 汝知量矣 觀汝之言 正合善導專修 無間之說矣 專修者 謂眾生障重 境細心麁 識颺神飛 觀難 成就 是以大聖悲憐 直勸專稱名號 正由稱名易 故相續即生 若能念念相續畢命爲期 十即十生 百即百生 何以故 無外雜 緣得正念故 與佛本願相應故 不違教故 順佛語故 若捨專修 而修雜業以求生者 百中希得一二 千中希得三四 乃出雜緣 亂動失正念故 與佛本願不相應故 與教相違故 不順佛語故 繫念不相續故 心不相續報佛恩故 雖有業行 常與名利相應 故 樂近雜緣自障障他生淨土故 無間修者 身須專禮阿彌陀 佛 不雜餘禮 口須專稱阿彌陀佛 不稱餘號 不誦餘經 意須專 想阿彌陀佛 不雜餘想 又若貪嗔癡來間者 隨犯隨懺 不令隔

---

103) 觀想, 憶念, 眾行을 가리킨다.

日隔念隔時 常使淸淨 亦名無間修也 善導和上者 天竺傳中
稱爲彌陀化身也 觀其專修無間之說 要緊只在念念相續 故
孤山亦云 不可等閑發願散亂稱名 永明亦云 直須一心歸命
盡報精修 坐臥之間常面西向 當行道禮敬之際念佛發願之時
懇苦翹誠無諸異念 如就刑戮 若在狴牢 怨賊所追 水火所逼
一心求救 願脫苦輪速證無生 廣度含識紹隆三寶 誓報四恩
如斯志誠方〈必?〉不虛棄 如或言行不稱 信願輕微 無念念相
續之心 有數數間斷之意 恃其懈怠臨終望生〈往=〉但爲業障
所遮 恐難値其善友 風火逼迫正念不成 何以故 如今是因
臨終是果 應須〈預=〉因實果則不虛 聲和則響順 形直則影端
故也

25. 자신의 근기에 맞는 수행법을 일심으로 활용해
야 한다.

[묻는다 :
 원관의 수행은 유심의 정념으로서 상근기의 수행문과
닮아있습니다. 『화엄경』의 십원과 『보적경』의 십심도 또
한 이에 대승근기의 공용입니다. 만약 根器를 상대하지 않
는다면 곧 공행은 성취되기 어려울 것입니다. 이제 제 스
스로 저의 근기를 살펴보고 제가 좋아하는 것을 관찰해보
니, 오직 부처님의 명호를 專持하는 것에 있었습니다. 그

리고 시간이 날 때마다 예배를 하고 참회를 해왔습니다. 스님께서는 어찌 생각하십니까.

답한다 :

좋다. 참으로 좋다. 그대는 제대로 알고 있다. 그대의 말을 관찰해보면 참으로 간단이 없이 專修한다는 말에 잘 부합된다. 專修란 말하자면 중생의 장애가 무거워서 경계는 섬세한데 마음이 거칠어서 識이 일어나면 神이 흩어져서 [識颺神飛] 觀이 성취되기 어려운 법인데, 이에 부처님께서 자비로써 곧장 명호를 專稱하도록 권장하였다. 그것은 곧 칭명이 손쉬운 것을 말미암은 것이었다. 때문에 상속이 되면 곧 왕생한다. 만약 염념의 상속이 임종시까지 지속된다면 열이면 열 명 모두 왕생한다. 왜냐하면 밖으로 잡다한 반연이 없으면 곧 정념을 터득하기 때문이고, 부처님의 본원에 상응하기 때문이며, 敎에 어긋나지 않기 때문이고, 부처님의 말씀을 따르기 때문이다.

만약 專修를 포기하고, 다른 잡업을 닦아서 왕생을 추구하는 자는 백 가운데 한두 명도 왕생이 드물고, 천 가운데 서너 명도 왕생이 드물다. 그 까닭은 이에 잡다한 반연과 어지러운 움직임이 출현하여 정념을 상실하고 말기 때문이고, 부처님의 본원에 상응하지 못한 까닭이며, 敎에 서로 어긋나기 때문이고, 부처님의 말씀을 따르지 못하기 때문이며, 繫念이 상속되지 못하기 때문이고, 마음이 상속하여 불은에 보답하는 일이 되지 못하기 때문이며, 비록 업행은 있지만 늘상 명리에 상응하기 때문이고, 잡연을 즐겨서 스스로 장애를 받고 남들이 정토에 왕생하는 것에 장애를 주기 때문이다.

단절이 없이 수행한다[無間修]는 것은 몸으로는 모름지기 오로지 아미타불에게 예배하면서 다른 예배가 없어야 하고, 입으로는 모름지기 오로지 아미타불을 부르면서 다른 명호를 부르지 말아야 하며, 또 다른 경전을 독송하지 말아야 하고, 마음으로는 모름지기 오로지 아미타불을 생각하여 다른 생각이 없는 것을 가리킨다. 또한 만약 탐·진·치가 발생하는 경우에도 隨犯隨懺하여 하루도 간격을 두지 않고, 일념도 간격을 두지 않으며, 일시도 간격을 두지 않고, 늘상 청정케 하는 것을 또한 단절이 없이 수행한다[無間修]고 말한다.

선도화상은 천축에서는 아미타불의 화신으로 불리운다. 그가 專修한 無間修行에 대한 설명을 보자면 그 요점은 念念相續에 달려있다.

때문에 고산도 또한 '등한하게 발원하지 말고, 산란하게 칭명하지 말라.'고 말한다.

또한 영명도 다음과 같이 말한다.

'모름지기 일심으로 귀명하여 모두 精修하는데 바쳐야 한다. 앉고 눕는 때에도 얼굴을 서쪽을 향하고, 반드시 행도하고 예경하는 때에도 그리고 염불하고 발원하는 때에도 간절하게 정성을 다하여 일체의 異念이 없이 하기를 마치 형장에 나아가서 죽으려는 때처럼 해야 하고, 맹수들 휩싸여 있을 때처럼 해야 하고, 怨賊이 뒤쫓아오는 때처럼 해야 하며, 물과 불이 다가오는 때처럼 해야 한다.

이처럼 일심으로 구원되기를 추구하고 苦輪에서 속히 벗어나 무생을 증득하기를 바라듯이 해야 한다. 그리하여 널리 중생을 제도하여 삼보를 계승하여 맹세코 四恩에 보답해야 한다. 이와 같은 의지로 정성스럽게 하여 반드시 헛되게 일생을 버리지 않도록 해야 한다. 그러나 혹 글과 行이 칭합되지 않고, 믿음과 서원이 경미하며, 염념상속심이 없어서 자주 間斷의 마음이 생기면서도 그 게으름속에서 임종시에 왕생을 믿는다면, 무릇 업장에 얽매이게 되고, 그 善友를 만나기 어려울지도 모르며, 바람과 불이 핍박하여 정념이 성취되지 못한다. 왜냐하면 그와 같은 것은 인이고 임종은 과이기 때문이다. 모름지기 인을 진실하게 해두어야 과가 헛되지 않는 법이고, 소리가 화음을 이루어야 메아리가 순조로우며, 형체가 곧아야 그 그림자가 단정하기 때문이다.'104)]105)

---

104) 『萬善同歸集』 卷上, (『大正新脩大藏經』 48, p.968下)
105) 『淨土十要』 卷6, (『卍續藏』 61, pp.699下-700上)

26.

問曰 念念相續之修 豈非余所願也 奈何定力未成念頭無主 或舊學未忘 或邪想亂起 或境緣相觸照顧不牢 或情想紛飛遏捺不住 不覺念頭東走西走 眨得眼來千里萬里去了 又或惹著一毫世事 便是五日十日半月一月擺脫不去 豈特間斷而已哉 言之可慚 思之可慟 又當何策以治之 答曰 嗚呼此天下學者之通病也 汝當間斷之時 若不痛加鞭策 則專修無間之念永無成就之期 余聞古人有三種痛鞭之策 今復為汝獻之 汝當諦而聽之 一曰報恩 二曰決志 三曰求驗 第一報恩者 既修淨土 當念報恩 佛恩國恩固未暇論 只如父母養育之恩 豈非重恩 師長作成之德 豈非重德 爾最初出家 便說要報重恩 後來行腳 又說要報重德 離鄉別井二三十年 父母師長艱難困苦 爾總不顧 父母老病 爾又不看 及聞其死 爾也不歸 如今或在三塗受罪受苦 望爾救他 望爾度他 爾却念念間斷 淨土不成 淨土不成 自救不了 自救不了 如何救他 既不能相救 爾是忘恩負義 大不孝人 經云 不孝之罪當墮地獄 然則一念間斷之心便是地獄業也 又且不蠶而衣 不耕而食 僧房臥具受用現成 爾當勤修淨業 圖報信施之恩 祖師道 此是施主妻子分上減剋將來 道眼未明 滴水寸絲也 須牽犁拽耙 償他始得 爾却念念間斷 淨土不成 淨土不成 酬償有分 然則一念間斷之心便是畜生業也 第二決志者 若學專修 志須決定 爾一生參禪 禪既不悟 及乎看教 教又不明 弄到

如今 念頭未死 又要說幾句禪 又要說幾句教 又要寫幾箇字
又要做幾首詩 情掛兩頭 念分四路 祖師道 毫釐繫念 三塗
業因 瞥爾情生 萬劫羈鎖 爾却志無決定 情念多端 因此多
端間斷正念 然則一念間斷之心便是三塗羈鎖業也 又且守護
戒根 志不決定 或因身口念念馳求 教中道 寧以洋銅灌口
不可以破戒之口受人飮食 寧以熱鐵纏身 不可以破戒之身
受人衣服 況因諸戒不嚴 邪心妄動 因此妄動 間斷專修 然
則一念間斷之心 何止熱鐵洋銅業也 又且斷除憎愛 志不決
定 每於虛名浮利自照不破 名利屬我便生貪愛 名利屬他便
生憎妬 古人云 貪名貪利 同趨鬼類 逐愛逐憎 同入火坑 爾
却因此愛憎間斷淨土 然則一念間斷之心便是餓鬼火坑業也
第三求驗者 既學專修 當求靈驗 爾如今髮白面皺 死相現前
知道臨終更有幾日 須在目前便要見佛 只如廬山遠法師 一
生之中三度蒙佛摩頂 又如懷感法師 稱念佛名便得見佛 又
如少康法師 唱佛一聲眾見一佛從口飛出 唱佛十聲則有十
佛從口飛出 如貫珠焉 此等靈驗萬萬千千 爾若心無間斷 見
佛不難 間斷心生 決不見佛 既不見佛 與佛無緣 既無佛緣
難生淨土 淨土不生 必墮惡道 然則一念間斷之心便是三塗
惡道業也 戒之戒之 如上三策 當自痛鞭 使其念不離佛 佛
不離念 感應道交現前見佛 既見樂邦之佛 即見十方諸佛
既見十方諸佛 即見自性天真之佛 既見自性天真之佛 即得
大用現前 然後推其悲願 廣化一切眾生 此名淨土禪 亦名禪

淨土也 然則永明所謂有禪有淨土 猶如帶角虎 現世爲人師
來生作佛祖 豈不驗於此哉 勉之勉之 於是禪上人者旣喜且
驚 矍然久之如有所失 天如老人乃復告之曰 禪與淨土了卽
俱了 心外無法莫錯會好 上人乃稽顙再拜曰 吾多幸矣 今吾
知所歸矣 謝而退

26. 염념상속의 수행에는 報恩과 決志와 求驗이 있 어야 한다.

[묻는다 :

  염념상속의 수행법이야말로 어찌 제가 바라는 것이 아
니겠습니까. 그런데 어째서 선정력이 성취되지 않으면 염
두에 주인공이 없다는 것입니까. 혹 이전의 수행을 잊지
못한 까닭입니까, 혹 잘못된 생각이 어지럽게 일어난 까닭
입니까, 혹 경계와 반연[境緣]들이 서로 부딪쳐서 照顧가
견고하지 못한 까닭입니까, 혹 식정과 망상[情想]들이 분
분이 휘날리는 것을 막아눌러서 머물지 못하게 하느라고
모르는 새에 생각이 이리저리 흔들려서 눈 깜짝할 사이에
천 리 만 리로 멀어져간 까닭입니까, 혹 털끝만한 세속사
를 하나 꺼내서 그것을 5일 10일 보름 한 달이 걸리도록
벗어나지 못한 까닭입니까.

  어찌하면 이것들을 특별히 단제할 수가 있습니까. 말씀

드리기도 부끄럽고 생각하는 것도 부끄럽습니다. 또한 어떤 대책으로 그것들을 다스려야 하겠습니까.

답한다 :

오호라. 그것들은 천하 납자들의 공통된 병통이다. 그대가 반드시 단제하려는 경우에 데면데면하게 수행한다면 [만약 아프지 않을 정도로만 채찍을 가한다면] 곧 무간지념으로 專修할지라도 영원히 성취될 기약이 없을 것이다. 내[천여유칙]가 듣자하니 고인에게는 3종의 痛鞭之策이 있었다고 한다. 이제 다시 그것을 그대한테 말해주고지 한다. 그대는 반드시 잘 듣거라. 첫째는 報恩이고, 둘째는 決志이며, 셋째는 求驗이다.

첫째의 보은이란 이미 정토업을 닦았으면 반드시 보은을 생각해야 한다. 불은과 국가은에 대해서는 굳이 논할 겨를도 없다. 다만 부모가 양육해주신 은혜만 해도 어찌 은혜가 지중하지 않겠는가. 그리고 스승이 만들어준 은혜도 또한 어찌 지중한 덕이 아니겠는가.

그대가 처음 출가했을 때는 곧 지중한 부모의 은혜에 보답할 필요성을 들었을 것이고, 나중에 행각에 나설 때는 또한 지중한 스승의 은혜에 보답할 필요성을 들었을 것이다. 고향과 우물을 떠나서 20년 내지 30년이 지나면 부모와 스승은 艱難困苦할 것인데도 그대가 전혀 돌아보지 않고, 부모는 늙고 병이 들어도 그대가 또 찾아뵙지도 않으며, 돌아가셨다는 소식을 듣고도 그대는 또 고행에 돌아가지도 않을 것이다.

그대는 지금 三途에서 죄를 받고 고통을 받으면서 그대가 남을 구제하기를 바라고 그대가 남을 제도하기를 바라고 있다. 그러면서도 그대는 도리어 염념에 정념이 단절되어 정토가 성취되지 못하고 있다. 정토가 성취되지 못하면 자신도 구제하지 못한다. 자신도 구제하지 못하면서 어찌 남을 구제한단 말인가. 이미 서로 구제할 수 없다면 그대는 곧 은혜를 잊어버리고 신의를 저버린 것으로서 크게 불효하는 사람이다.

경전에서는 다음과 같이 말한다.

"불효하는 죄는 반드시 지옥에 떨어진다. 그런즉 일념만이라도 정념이 단절되면 그것은 곧 지옥업이 된다."[106]

또한 누에를 치지 않고 옷을 입고, 밭을 갈지 않고 밥을 먹으면서, 승방과 와구 등을 수용하여 활용하기 때문에 그대는 반드시 부지런히 정토업을 닦는 것만이 곧 信施의 은혜에 보답하려는 노력이 된다.

조사는 다음과 같이 말했다.

"이것은 곧 시주자가 처·자의 몫을 아끼고 줄여서 가지고 오는 것이다. 그러므로 만약 깨침의 안목을 터득하지

---

106) 『雜寶藏經』 卷9, (『大正新脩大藏經』 4, p.492下)

못하면 한 방울의 물과 한 치의 실에 대해서도 몸소 쟁기를 끌고 써레질을 하여 그들에게 보상해야 할 것이다."

그런데도 그대는 도리어 염념에 정념이 단절된다면 정토는 성취되지 못한다. 정토가 성취되지 못하면 책임량을 보상해야 한다. 그런즉 일념만이라도 정념의 단절이 생기면 곧 축생의 없이 되고 만다.

둘째의 決志란 만약 정토수행에 매진하려면 의지가 굳건해야 한다. 그대가 일생동안 참선해왔으면서도 선으로는 아직 깨치지 못하였고 또한 간경수행을 해왔지만 간경공부로는 아직 지혜를 해명하지 못하였다. 그러느라고 지금에 이르도록 해찰하느라고 염두에는 죽음도 생각하지 못하고 있다. 또한 몇 구절이나 설해야 禪이 되고, 몇 구절이나 설해야 敎가 되며, 몇 개를 베껴야 字가 되고, 몇 수를 지어야 詩가 되는가 하면서, 情은 갈팡질팡하고[兩頭] 念은 사분오열되어[四路] 있다.

이에 조사는 다음과 같이 말했다.

"눈꼽만치라도 계념하면 그것은 곧 삼악도의 업인이 되고, 잠깐만이라도 분별정식이 발생하면 만겁의 굴레가 된다."

그런데도 그대는 의지에 결정력이 없고 情念이 복잡다단하니, 이로 인해 복잡하여 正念이 단절되어버린다. 그런즉 일념만이라도 단절이 되면 곧 그것은 삼악도의 굴레에 빠지는 업이 되고 만다.

또한 戒根을 수호해야 하는데 의지에 결정력이 없으면 혹 身과 口를 말미암아 염념에 치구하고 만다. 때문에 敎에서는 말한다.

"차라리 끓는 구릿물을 입에다 부을지언정 파계한 입으로는 시주자가 주는 음식을 받아먹지 않겠다. 차라리 뜨거운 철판을 몸에 두를지언정 파계한 몸으로는 시주자가 주는 의복을 받아입지 않겠다."

하물며 모든 계를 엄수하지 못하면 그로 인하여 邪心이 망동한다. 그 망동을 인하여 정토의 專修가 단절된다. 그런즉 일념만이라도 正念이 단절되면 어찌 熱鐵 및 洋銅의 업을 그칠 수 있겠는가.

또한 애증을 단제해야 하는데 의지에 결정력이 없으면 매번 虛名과 浮利를 스스로 반조하면서도 그것을 타파하지 못한다. 명리가 자기에게 오면 곧 애욕을 일으키고 명리가 남에게 가면 곧 증오와 질투를 일으킨다.

이에 고인은 다음과 같이 말했다.

"명예를 탐하고 이익을 탐하는 것은 귀신의 무리를 쫓아가는 것과 같고, 애욕을 쫓고 증오를 쫓는 것은 불구덩이에 들어가는 것과 같다."

그런데 그대는 도리어 그런 증오를 말미암아 정토를 단절하고 있다. 그런즉 일념만이라도 정념을 단절하면 곧 아귀와 불구덩이에 빠지는 일은 없게 된다.

셋째의 求驗이란 이미 專修하여 장차 영험을 추구하는 것이다. 그대가 지금처럼 머리는 하얗고 얼굴은 쭈글쭈글하여 죽음의 모습이 현전해서야 임종이 또 며칠이나 남았는가를 알고서야 모름지기 목전에서 부처님 친견하고 싶다고 말한다. 그러나 단지 저 여산의 혜원법사만이 일생에서 3회에 걸쳐서 부처님의 미정수기를 받았을 뿐이고, 또 저 회감법사만이 부처님 명호를 칭명하여 견불할 수 있었으며, 저 소강법사만이 부처님을 한 차례 부르자 한 부처님이 입으로부터 나와서 날아간 모습을 대중이 보았고, 열 번 부르자 곧 열 부처님이 입으로부터 나와서 날아갔는데 마치 구슬을 꿴 줄과 같았다.

이들 영험은 수없이 많다. 만약 그대가 마음에 단절이 없이 계속한다면 견불은 어렵지 않다. 그러나 마음에 단절이 일어나면 결코 견불할 수가 없다. 이미 견불할 수가 없다면 부처님과 인연이 없고, 부처님과 인연이 없으면 정토에 왕생하기가 어려우며, 정토에 왕생하지 못하면 반드시 악도에 떨어진다. 그런즉 일념만이라도 단절이 있다면 곧 그것이 삼악도의 업이 된다. 잘 경계하고 또 경계하라.

이와 같은 세 가지 대책에 대하여 반드시 스스로 痛鞭해야 한다. 그리하여 그 念이 부처님을 떠나지 않으면 부처님도 念을 떠나지 않아서 감응의 길이 교차하여 현전에서 견불한다. 이미 정토의 부님을 친견하면 곧 시방제불을 친견한다. 시방제불을 친견하면 곧 자성의 천진불을 친견한다. 자성의 천진불을 친견하면 곧 대용이 현전한다. 연후에 그 비원을 추진하여 일체중생을 널리 교화한다. 이것을 곧 淨土禪이라 말하고, 또한 禪淨土라 말한다. 그런즉 연수가 말한 '선이 있는 곳에 정토가 있다.'는 것은 마치 뿔 달린 호랑이와 같아서 현세에서는 인간세계의 스승이 되고, 내생에는 부처와 조사가 된다는 것이 어찌 여기에서 증험되지 않았겠는가.

노력하고 노력하라.

여기에서 禪上人은 이미 기뻐하고 또 놀랐다. 놀라서 주위를 두리번거리다가 오랜 시간이 지나자 또 그것을 잃어 버리고 말았다.

그러자 천여유칙 노인이 다시 고하여 말했다.

"선과 정토의 경우에 요해하려면 몽땅 요해해야 한다. 마음 밖에는 법이 없다. 그러므로 착각하지 말고 잘 이해해야 한다."

上人은 이에 머리를 조아려 거듭 예배를 드리고 말했다.

"저는 참으로 다행입니다. 이제 저는 돌아가야 할 곳을 알았습니다."

그리고는 감사를 드리며 물러갔다.]107)

---

107) 『淨土十要』 卷6, (『卍續藏』 61, pp.700上-701上)

[해 설]

1. 성격

『정토혹문』은 원나라 시대에 天如惟則(?-1354)[108]이 지은 것에다, 명대에 雲棲袾宏[109]이 새롭게 편찬하였고, 다시 운서의 제자 廣信이 교정하면서 당시에 유행하던 정토 관계 서적을 참조하여 부연설명을 붙인 책이다. 따라서 천여유칙이 저술한 본래의 모습이 어떤 것인지 분명하게 살펴볼 수는 없게 되어 있다. 왜냐하면 천여유칙의 글에 대

---

108) 본『淨土或問』의 저자인 天如惟則(?-1354)은 임제종 양기파 선사로서 휘는 惟則이고 호는 天如이며 강소성 吉安의 永新 출신이다. 어려서 禾山에 올라가 축발하고, 후에 天目山의 中峰明本에게 참문하여 그 법을 이었다. 강소성 蘇州 故蘇城 밖의 師子林에 주석하며 선풍을 고취하였다. 『師子林天如和尙語錄』9권이 있다. 勅으로 佛心普濟文慧大辯禪師라는 號 및 金襴袈裟를 받았다. 저술에 『楞嚴經圓通疏』, 『楞嚴會解』, 『禪宗語錄』, 『淨土或問』, 『十法界圖說』 등이 있다.

109) 雲棲袾宏(1535-1615)은 속성은 沈씨이고 자는 佛慧이며 호는 蓮池이고 杭州府 仁和 출신이다. 生死事大를 좌우명으로 삼아 매일매일 그 문제를 풀려고 힘썼다. 31세에 西山의 性天理에게 출가하였고, 柳庵의 松巖得寶에게 참문하였고, 이후에 東昌을 지나다가 譙樓의 북소리를 듣고 깨쳤다. 37세(1571)에 행각하다가 절강성 항주 五雲山의 雲棲寺에 주석하면서 30여종 300여 권의 저술을 하였기 때문에 雲棲라 불렸다. 불교가 쇠퇴하던 명 말기에 유교의 풍부한 교양을 바탕으로 하여 선풍을 고양하였고, 염불행자로 살았다. 불교결사를 일으켜서 卽身成佛의 선과 彼岸往生의 염불을 바탕으로 한 禪淨一致를 거양한 저술 가운데 『雲棲法彙』34권을 남겼다. 馮夢禎은 운서주굉의 사상을 비판하기도 하였다.

하여 명대에 편찬하면서 붙인 부연설명의 대목이 구분되어 있지 않기 때문이다. 곧 명대의 정토관련 전적의 내용이 천여유칙의『정토혹문』의 내용과 혼재되어 있다.

이런 상황에서 정토관련 경전을 비롯하여 천태의『淨土十疑論』및 명대의 저술인『淨土指歸集』등에 이르기까지 다양한 주석서의 내용으로 채워져 있다. 이에『정토혹문』에 보이는 문답의 형식과 그 주제 및 설명은 천여유칙의 글을 중심으로 전개되어 있지만, 천여유칙 이후 시대에 해당하는 저술로서 明 袁宏道,『西方合論』, 明 大佑,『淨土指歸集』, 明 成時,『淨土十要』, 明 宗本,『歸元直指集』의 4종 등은 명대저술로서 그 인용문이『정토혹문』에 혼재되어 인용되어 있는 까닭에 천여유칙의 견해는 다양하게 전개되어 있다.

특히 천여유칙의『정토혹문』이 출현한 것은 선과 정토의 쌍수 및 융합이 본격적으로 전개된 元代의 시대인 만큼 선종에서도 정토의 왕생에 관심을 보여주고 있었다. 때문에 선사이면서도 정토왕생을 설했던 선사들로서『정토혹문』에는 永明延壽를 비롯하여 眞歇淸了 등 17명이 언급되어 있다. 이런 까닭에 천여유칙은『정토혹문』을 통해서 자성의 천진불을 친견하면 곧 大用이 현전하는데, 그런 연후에 그 비원을 추진하여 일체중생을 널리 교화하는 까닭에 곧 淨土禪이라 말하고, 또한 禪淨土라 말한다. 이런 상황에서 선사이면서도 정토의 왕생에 관심을 표명한 인물 가운데 한 사람이 곧 원나라 시대에 『정토혹문』의 저자인 천여유칙이었다.

2. 구성과 주제

대정신수대장경 제47권에 수록되어 있는 『정토혹문』은 문답의 형식을 빌어서 총 26항목으로 나누어 정토와 관련된 다양한 내용을 수록하고 있는데, 그 내용은 크게 4가지 주제로 분류된다.

첫째는 정토왕생의 성격에 대한 것이다. 이에 대해서는 唯心淨土 곧 唯心極樂이고 自性彌陀 곧 本性彌陀라는 개념이고, 정토왕생은 성불의 방편설이며, 아미타불의 위력을 보여준 것이고, 방편은 차별이고 궁극은 평등하며, 왕생이야말로 곧 無生의 生이라고 설명한다.

둘째는 정토왕생의 자격에 대한 것이다. 이에 대해서는 누구나 가능하고, 깨쳐야 정토왕생을 제대로 추구하며, 깨쳐야 제대로 중생을 교화하고, 불퇴전의 정진이 필요하며, 정토왕생에 대한 의심과 후회가 없어야 한다는 것으로 설명되어 있다.

셋째는 정토왕생의 모습에 대한 것이다. 이에 대해서는 각각의 감응에 차별이 있고, 4종국토는 다르지 않으며, 사바세계와 16가지 인연의 차이가 있고, 아미타불의 위력으로 가능하다는 내용으로 설명되어 있다.

넷째는 정토왕생의 수행에 대한 것이다. 이에 대해서는 모든 사람에게 쉬운 수행이고, 마음을 청정하게 유지하는 수행이 중요하며, 觀想法·憶念法·衆行法 등 삼문수행이 모두 가능하고, 願力과 十信을 통하여 찰나왕생이 가능하며, 十念修行으로 왕생하고, 오탁악세의 범부중생도 대원력을 세워 왕생하며, 수시염불 및 상시염불 등 불퇴전의 정진으로 왕생하고, 일심으로 稱名念佛해야 하며, 근기에 상응하는 수행법의 활용이 가능하고, 報恩과 決志와 求驗이 있어야 한다는 내용이 설명되어 있다.

이들 26항목의 내용을 보면 각각의 주제 이외에도 그 이면에는 정토왕생의 수행법과 선수행법 사이에 특별한 차이보다도 禪淨一致의 양상으로 나타나 있다. 이에 守愚悟勤이 쓴 [序文]에는 "선에서는 주로 견성을 지향하지만 염불로는 속진을 벗어난다. 말하자면 염불의 일문은 실로 선가와 교가에서 공통적으로 실천해야 할 通途이고, 또한 선비와 백성이 함께 어울려 노닐 수 있는 첩경인 줄을 어찌 믿지 못하겠는가."[110]라고 말한다. 이것은 곧 천여유칙이 저술한 『정토혹문』의 의의가 바로 선과 염불의 관계에 대하여 차이보다는 상호 보완의 입장에서 서술되어 있다는

---

110) 『淨土或問』, (『大正新脩大藏經』 47, p.292上)

것을 말해주고 있다. 이에 선자가 염불수행자에 대하여 얕보는 태도에 대하여 천여유칙은 "오늘날 선자들은 여래의 眞實了義를 궁구하지 않고 달마의 玄機를 알지도 못하면서, 뱃속은 비어있고 아만심만 높아서 쓸데없는 것만 배워가지고 정토수행하는 것을 보고는 '저들이 공부하는 것은 어리석은 필부중생이 하는 짓으로서, 어찌 천박한 것이 아니겠는가.'라고 비웃는다. 나는 일찍이 그런 말에 대하여 '그것은 어리석은 필부중생을 천박하게 간주하는 것이 아니라 문수와 보현과 용수와 마명 등을 천박하다고 간주하는 셈이다.'라고 힐론하였다."111)고 말한다. 이것은 염불수행이야말로 하근기의 수행이 아니라 진정으로 선수행을 통하여 지혜를 터득한 깨침의 바탕에서 수행해야 제대로 정토에 왕생한다는 것을 보여주고 있다. 그래서 천여유칙은 "깨친 사람이어야 제대로 정토왕생을 願求한다."112)고 말한다. 이것은 선수행을 통하여 깨친 사람이 정토의 왕생법으로서 염불수행을 해야만 하는 까닭을 잘 말해주고 있다. 또한 『西方合論』에서도 "염불행자가 실로 정토에 왕생하고자 하면 반드시 진실하게 참구하여 여법하게 깨쳐야 한다. … 깨침이야말로 모든 행위에서 길잡이와 같다."113)고 말하는 것

---

111) 『淨土或問』, (『大正新脩大藏經』 47, p.293中)
112) 『淨土或問』, (『大正新脩大藏經』 47, p.291下)
113) 『西方合論』 卷9, (『大正新脩大藏經』 47, p.414上)

을 볼 수가 있다.

이와 더불어 천여유칙은 진헐청료의 [淨土說]을 인용하여 "진실로 염불법문이야말로 불교수행의 지름길로서 곧바로 대장경을 가지고 상상근기를 교화하는 것이고, 한편으로는 중하근기를 교화하는 것이다."[114]고 말하는데, 이것은 곧 천여유칙이 선수행과 염불수행이 서로 상생의 관계임을 보여주고 있는 대목이다.

가령, 이하『정토혹문』의 수행에서 보여주고 있는 唯心淨土와 自性彌陀의 자각을 비롯하여, 觀想法과 憶念法과 衆行門에 있어서도 전체가 관법수행으로 일관되어 있다는 것을 감안한다면 그 관계성은 더욱더 농후하다. 이와 같은『정토혹문』의 태도는 정토에 왕생하는 다양한 수행법을 언급하면서 그것이 궁극적으로 선수행과 배치되는 것이 아님을 말해주고 있다.

3. 정토왕생관

『정토혹문』에서는 정토 및 왕생의 성격에 대하여 다섯 가지로 나누어 구체적으로 설명하고 있다. 첫째, 유심극락

---

114)『淨土或問』, (『大正新脩大藏經』47, p.293下) "良以念佛法門徑路修行 正按大藏 接上上根器 傍引中下之機"; 袁宏道,『西方合論』卷2, (『大 正新脩大藏經』47, pp.394下-395上) 참조.

정토이고 자성미타이다. 둘째, 정토왕생은 성불의 방편설이다. 셋째, 아미타불의 위력을 보여준 것이다. 넷째, 방편은 차별이고 궁극은 평등하다. 다섯째, 왕생이야말로 곧 무생의 생임을 설명한다.

첫째, 유심정토에 대하여 천여유칙은 "정토는 유심으로서 마음 밖에는 정토가 없는 줄을 반드시 알아야 한다. 마치 대해에 드러나 있는 수많은 물거품 가운데 어느 한 거품도 바다를 벗어나 있는 경우가 없는 것과 같다. 유심이 정토이므로 정토를 벗어나서는 마음도 없다."115)고 말한다. 곧 유심에 대하여 『능엄경』의 "색신 이외에 있는 산·하·허공·대지에 이르기까지 모두 妙明真心 가운데 있는 사물들이다."116) 및 "제법이 발생된 것은 유심이 드러난 것이다."117)는 경증을 통하여 이해시키고 있다. 곧 극락국토야말로 진정한 유심의 소산물이라는 것이다. 따라서 유심으로 드러난 정토에 대하여 보다 구체적으로 天台智顗가 제시한 "생각해보면 이 일심에 사종의 국토가 구비되어 있다. 첫째는 凡聖同居土이고, 둘째는 方便有餘土이며, 셋째는 實報無障礙土이고, 넷째는 常寂光土이다."118)는 4종

---

115) 『淨土或問』, (『大正新脩大藏經』 47, p.294上-中)
116) 『楞嚴經』 卷2, (『大正新脩大藏經』 19, pp.110下-111上)
117) 『楞嚴經』 卷2, (『大正新脩大藏經』 19, p.109上) ; 『大佛頂萬行首楞嚴經會解』 卷2, (『永樂北藏』 185, p.200上)
118) 天台智顗, 『佛說觀無量壽佛經疏』, (『大正新脩大藏經』 37, p.188中)

의 국토를 들어서 설명하고 있다. 이 가운데 실·보·무장애토의 경우에는 '삼현과 십성이 거주하는 과보국토'[119]로서, 무명을 완전히 없애지는 못했지만, 무루업을 맛보고 법성의 보신을 수용한 까닭에 또한 과보국토라고 말한다. 그리고 상적광토의 경우에는 묘각의 極智로써 비추어낸 것으로 여여한 법계의 도리이기 때문에 常寂國이라 말하고, 또한 法性土라 말한다.

이에 4종국토를 삼신불에 배대하면, 범성동거토와 방편·유여토의 둘은 應으로서 응신불이 계신 곳이고, 실·보·무장애토는 應이면서 또한 報이기 때문에 보신불이 거주하는 국토이며, 마지막의 상적광토만이 진정한 정토로서 응신불도 아니고 보신불도 아닌 법신불이 거주하는 국토에 각각 해당한다는 것을 유심정토와 관련하여 寶網의 비유를 들어 설명한다.[120]

이와 같은 4종국토는 모두 자기 마음속의 국토일 뿐이고, 삼세의 항사제불도 오직 자기 마음속의 부처일 뿐임을 말한 것이다. 때문에 일불을 친견하면 곧 시방제불을 친견하는 것이라고 말한다. 이로써 이해하면 곧 어느 한 국토도 자기 마음에 의지하여 건립되지 않는 국토가 없고, 어

---

119) 鳩摩羅什 譯, 『佛說仁王般若波羅蜜經』 卷上, (『大正新脩大藏經』 8, p.828上)
120) 『淨土或問』, (『大正新脩大藏經』 47, p.295上)

느 한 부처도 자기 자성을 말미암아 발현하지 않는 것이 없는 줄을 알 수가 있다.

둘째, 정토에 왕생하는 것은 성불의 방편설이라는 입장이다. 곧 선재동자의 경우에 원돈의 이근으로서 일생 동안 수행했지만 지금도 화장세계에 태어나지 못했다고 들었는데 어째서 극락에 태어날 것을 권장하는가 하는 물음에 대하여, 『정토혹문』에서는 『화엄경소』를 인용하여 "거기에는 인연이 있는데, 그것은 본래 중생으로 하여금 하나의 의지처가 되게 하는 까닭이다. 화장세계와 미진만큼도 유리되어 있지 않는 까닭이다. 본사 아미타불에 즉해 있는 까닭이다."[121]고 말한다. 곧 화장세계에 존재하는 불국토는 모두 미진수만큼 있는데, 그 극락세계까지의 거리가 여기에서 십만억 국토를 지나야 한다. 그럼에도 불구하고 그 국토를 벗어나 있지 않기 때문에 유리되어있지 않다고 말한다. 이와 관련하여 『樂邦文類』에서는 "보현보살이 선재동자를 위하여 바다와 같은 대중을 극락으로 결귀시킨 것은 무릇 圓宗을 신해하는 사람들에게 문수의 지혜와 보현의 행원에 들어가도록 해준 것으로서 복덕과 지혜와 事와 理가 모두 법계에 칭합되었기 때문이다. 이것은 대승인의 경우에 비록 妙悟와 本明은 제불과 문득 동일할지라도 力用은 아직

---

121) 澄觀, 『華嚴經行願品疏』 卷10, (『卍續藏』 5, p.198上)

충분하지 못하여 여래의 출세와 보현의 이익중생에는 미치지 못한다. 때문에 잠시동안 정토에 의거하여 아미타불을 친근함으로써 곧장 성불에 이르게 하려는 것이었다."[122] 고 말한다. 곧 정토에 왕생하는 것은 그 자체가 궁극의 목표가 아니라 최후에 성불에 도달시키려는 방편으로 제시되었음을 말해주고 있다. 이런 까닭에 방편에 해당하는 정토에 왕생하는 수행의 방법은 다양하게 설정되어 나타난다.

셋째, 정토세계를 말하면서 유독 아미타불을 찬탄하고 추천하는 까닭에 대하여, 『정토혹문』에서는 "첫째는 서원이 심중하기 때문이고, 둘째는 사바세계와 인연이 있기 때문이며, 셋째는 化道하는 것과 相關되기 때문이다."[123]라고 세 가지를 통하여 설명하고 있다. 곧 아미타불의 48원에 드러나 있는 것처럼 일체중생의 본사를 아미타불로 설정하고, 그 아미타불의 서원이 심중한 까닭은 사바세계의 중생만 교화하기 때문이라는 것이다.

또한 사바세계와 인연이 있다고도 말한다. 때문에 저 아미타불께서는 이 오탁악세에만 인연이 있다[124]고도 말한다. 나아가서 중생을 교화하는 것과 상관이 깊은 것에 대해서는 "부처님이 정토와 예토를 보여준 것은 그것으로써

---

122) 宗曉 編, 『樂邦文類』, (『大正新脩大藏經』 47, p.159下)
123) 『淨土或問』, (『大正新脩大藏經』 47, p.298上)
124) 天台智顗, 『淨土十要』 卷6, (『卍續藏』 61, p.696中-下) 참조.

절복문과 섭수문의 이문으로 중생을 조복하기 위한 것이다. ⋯ 이처럼 싫어하는 것과 기뻐하는 것으로써 化道를 실천하는 것이다."125)고 말한다.

넷째, 정토의 왕생에 대하여 방편은 차별로서 갖가지가 있지만 궁극적으로는 일체중생에게 평등하다는 것을 말한다. 곧 방편과 수행의 과정에서 말한 것에는 때로는 기뻐하고 싫어하며 취하고 버리는 방식이 다르지만 궁극적인 경지에서는 평등을 말한다. 가령 사랑하고 미워하며 주체와 객체라는 것은 분별심에서 내세운 것이 아니라 짐짓 정토왕생의 방편으로 내세운 것임을 말한다.

이것이야말로 시방여래가 범부를 이끌어서 성인의 길로 나아가도록 성취시켜주는 通法임을 말한다. 때문에 범부로부터 성인의 지위에 참여하고, 성인의 지위를 말미암아 등각에 이르는 것이므로 그 사이사이에서는 위로 향상하는 데에 기뻐하고 싫어함이 없어서는 안되지만, 궁극의 묘각에 가서는 취하고 버리는 행위가 비로소 없어지게 되어야 함을 말한다. 이것은 곧 정토의 뛰어난 인연에 의지하여 곧장 성불에 이른다는 것을 보여준 것이다.126)

다섯째, 왕생이야말로 곧 무생의 생임을 설명한다. 곧 왕

---

125) 『淨土或問』, (『大正新脩大藏經』 47, p.298上-中)
126) 永明延壽와 慈雲遵式의 말을 인용하여 방편에 차별이 있음을 말하고 있다. 『淨土或問』, (『大正新脩大藏經』 47, p.297中) 참조.

생이라는 것은 새로운 윤회의 생이 아니냐는 질문에 대하여, 이와 관련된 답변은 일찍이 다양하게 제시되어 있었다. 이와 관련하여 천태는 "지혜로운 자는 치연하게 정토의 왕생을 추구한다. 그러나 왕생에 도달한다고 해도 몸이 없다. 그것이야말로 곧 진정한 무생이다. 이것은 마음이 청정한 까닭에 불국토가 청정하다는 것을 말한 것이다."[127]고 말한다.

이런 까닭에 일찍이 진헐청료는 "생을 생으로 간주하는 자는 상견에 빠지고, 무생을 무생으로 간주하는 자는 단견에 미혹된다. 그러나 생이지만 무생이고 무생이지만 생이라고 간주하는 자는 제일의제를 터득한다."[128]고 말하였고, 천의의회는 "생은 곧 결정생이기 때문에 간다고 해도 실제로 가는 것이 없다."[129]고 말하였다.

이 문제에 대하여 『정토혹문』에서 천여유칙은 "이제 나 천여유칙은 다시 性과 相이라는 두 글자를 가지고 그것을 해석해보겠다. 오묘한 진여의 자성[性]은 본래부터 무생이다. 그렇지만 인연의 화합을 말미암아서 생이라는 형상[相]이 있을 뿐이다. 왜냐하면 그 자성[性]이 형상[相]을 드러낸 것이기 때문에 무생을 곧 생이라고 말한다. 그리고 그 형상이 자성을 말미암아서 드러난 것이기 때문에 생을

---

127) 智者大師 說, 『淨土十疑論』, (『大正新脩大藏經』 47, p.78上)
128) 宗曉 編, 『樂邦文類』 卷2, (『大正新脩大藏經』 47, p.177中)
129) 宗曉 編, 『樂邦文類』 卷4, (『大正新脩大藏經』 47, p.208上)

곧 무생이라고 말한다. 이러한 도리를 알게 되면 정토에 왕생하는 것이야말로 오직 마음이 발생한 것으로서 무생이 그대로 생인 줄을 알게 될 것이다."[130]고 말한다.

이처럼 왕생은 衆生性을 벗어나서 성불에 나아가는 새로운 인연을 맺는다는 점에서 중생의 생이 아니라 깨침으로 나아가는 인연으로서 無生이라고 말한다. 곧 왕생이야말로 새로운 중생의 생이 아니라 불국토가 청정하다는 것으로서 無分別心의 모습을 말한 것이다. 그럼에도 불구하고 왕생에 대하여 윤회의 생이라고 간주하는 것은 중생이 분별심으로 일으킨 오해임을 설명하고 있다.

4. 왕생수행의 원리

천여유칙은 정토에 왕생하는 교문은 지극히 광대하고 지극히 크기 때문에 중생은 누구라도 정토에 왕생하는 것이 대단히 쉽다고 말한다. 그 때문에 오히려 비록 智者라 할지라도 또한 의심하지 않을 수가 없다. 그래서 천여유칙은 영명연수가 정토를 찬탄한 까닭에는 깊은 의도가 있다고 말한 것도 과언이 아니라고 말한다. 곧 경문의 말미에서 제불의 찬탄을 받고나서 다시 "반드시 알아야 한다. 나 여래는

---

130) 『淨土或問』, (『大正新脩大藏經』 47, p.298中-下)

오탁악세에 이처럼 믿기 어려운 가르침을 실천하여 아뇩다라삼먁삼보리를 얻게 하려고 일체세간의 중생을 위해서 이처럼 믿기 어려운 법을 설하는 것이다. 이야말로 진정으로 어려운 일이다."[131]고 말하는 대목에 잘 드러나 있다.

이처럼 고구정녕하게 사람들에게 아미타불에 대한 믿음을 권장했음에도 불구하고 부처님의 자비를 모르고 오히려 너무 쉽다는 것에 대하여 의심을 일으켰기 때문에 그에 대한 의심을 풀어주려고 제시한 것이 바로 다양한 정토왕생의 수행법이었다.

첫째, 마음을 청정하게 유지하는 것이야말로 정토에 왕생하는 모든 사람들의 공통적인 특징이다. 정토가 유심정토인 만큼 그 유심을 청정하게 유지한다는 것은 그 자체가 곧 정토의 완성이고 왕생의 성취에 해당한다. 때문에 『정토혹문』에서는 『유마경』의 말을 인용하여 "때문에 유마경에서는 '정토를 터득하고자 하면 반드시 자기의 마음을 청정하게 해야 한다. 자기의 마음이 청정함을 따라서 곧 불국토가 청정해진다.'고 말했다. 대저 자기의 마음을 청정하게 하려는 자라면 정토의 수행법을 버리고서는 달리 방법이 없다."[132]고 말한다.

여기에서 자기의 마음을 청정하게 한다는 것은 청정하

---

131) 『佛說阿彌陀經』, (『大正新脩大藏經』 12, p.348上)
132) 『淨土或問』, (『大正新脩大藏經』 47, p.295上)

게 유지한다는 의미로서 정토에 왕생하려는 온갖 방법에 대한 완전한 성취를 가리킨다. 따라서 마음이 청정한 것은 이미 왕생의 완성을 의미한다. 그것은 부처님의 설법은 본래부터 중생을 위한 것이었지 부처를 위한 것이 아니었기 때문에[133] 중생이 충분히 수용하고 활용할 수 있는 방법을 설하였다는 것에 잘 드러나 있다.

   그것은 중생의 경우에 자기의 마음이 본래부터 정토에 왕생하기 위한 충분한 바탕을 지니고 있다는 것으로서 선종에서 말하는 본래성불의 기틀과 다르지 않다는 점을 잘 보여주고 있다. 때문에 영명연수는 스스로 선법을 설하는 것 이외에 정토의 수행을 닦고, 나아가서 사람들에게 정토수행을 가르치며, 또한 서방정토에 대한 저술을 지어서 널리 세계에 전승하였다. 나아가서 천여유칙은 영명연수의 [參禪念佛四料揀偈] 가운데 第一料揀 및 第二料揀의 게송을 인용하여 다음과 같이 말했다.

   선만 닦고 정토수행이 없으면
   십중팔구는 길을 잘못 가지만
   선은 없어도 정토수행 닦으면
   모든 사람 정토에 왕생한다네[134]

---

133) 宗寶 編, 『六祖大師法寶壇經』, (『大正新脩大藏經』 48, p.356上)
134) 『淨土或問』, (『大正新脩大藏經』 47, p.292中) "선만 닦고 정토수행이

제일요간에서는 무릇 자성의 도리만 깨치고 왕생을 발원하지 않으면 사바세계에 유전한 즉 윤회에 떨어질 것을 근심한다. 魔境은 5陰境에서 50종의 魔事를 일으키는 것이다. 참선수행자가 처음에 魔事를 알아차리지 못하여 그것에 집착하면서도 또한 스스로 무상의 열반을 터득했다고 말하는 것은 미혹의 무지에 불과하다. 제이요간에서는 비록 자성의 도리를 깨치지 못했을지라도 무릇 왕생을 발원하면 부처님의 위신력을 타고 속히 불퇴전의 경지에 오르는 것을 가리킨다.

이것은 마음의 청정이 곧 정토라는 유심정토의 근본적인 입장에는 반드시 왕생발원이 바탕이어야 함을 보여준 것이었다. 이로써 염불행자는 까마득한 만길 절벽에서 추호의 망설임도 없이 왕생을 믿고, 자신이 닦은 염불수행에 대하여 조금의 자괴감도 없이 정토를 찬탄하고 아미타를 칭명할 수가 있는 근거를 제시해주고 있다.

둘째, 願力과 十信을 통하여 왕생극락이 가능하다. 이에 대하여 『정토혹문』에서는 사명지례의 말을 인용하여 "비

없으면/ 십중팔구는 길을 잘못 가지만/ 참선 가운데 魔境이 현전하면/ 문득 그것에 이끌려 가고만다// 선은 없어도 정토수행 닦으면/ 모든 사람 정토에 왕생한다네/ 무릇 아미타불 바로 친견하니/ 어찌 깨치지 못할까 근심하랴// 有禪無淨土 十人九蹉路 陰境若現前 瞥爾隨他去 無禪有淨土 萬修萬人去 但得見彌陀 何愁不開悟" 참조. 『淨土或問』에 인용된 앞의 두 구는 제일요간에 해당하고, 뒤의 두 구는 제이요간에 해당한다.

록 차토에 네 국토가 갖추어져 있을지라도 어찌 穢業을 없애기 어렵겠는가. 대저 예업을 버리고 정업을 취하고자 원하면 모름지기 극락국토에서 태어나게 된다. 사명지례는 말한다. 차토는 오탁이 지중하므로 십신을 갖추어야 비로소 苦輪을 벗어날 수가 있다. 그러나 피토의 경계는 뛰어나므로 구품에서 모두 불퇴전한다."[135]고 말한다. 여기에서 十信에 대한 구체적인 설명은 결여되어 있지만, 그 십신은 다름아닌 일심이다. 따라서 여기에서 강조하고 있는 것은 바로 불퇴전의 원력이고 또 불퇴전에 대한 믿음을 보여주고 있다.

셋째, 찰나에 왕생한다. 마음 밖에는 정토가 없고 정토 밖에는 마음이 없다. 그런데도 중생의 경우에는 망상으로 인하여 자기의 마음이 색신 안의 한 치 되는 곳에 있다고 인정할 뿐이지, 자기의 심량이 원래부터 광대한 줄을 모르고 있는 까닭에 헤매고 있다. 자심이 곧 정토인 줄을 자각하면 찰나에 왕생한다는 것이다. 곧 십만 억 국토가 모두 내 마음속에 있어서 실제로 지극히 가깝기 때문에 목숨이 끝나는 때에 내 마음속에서 실제로 거기에 도달하기 대단히 쉽다는 생각을 일으킨다면 정토에 가는 것이 어렵지 않다는 것이다.

---

135) 『淨土或問』, (『大正新脩大藏經』 47, p.297中)

이에 천여유칙은『정토십의론』의 말을 인용하여 "십만억 국토란 범부가 육안의 생사심으로 헤아리는 것에 상대하여 설한 것일 뿐이다."고 말한다.136) 때문에 廣大心을 자각한다면 찰나에 왕생한다는 것에 대하여『淨土自信錄』에서는 "십만억 국토를 순식간에 다다르는 것은 자심이 본래미묘하기 때문이다."137)고 말한다. 그런데도 불구하고 중생 자신이 만약 정토업을 닦지 않고 도달하고자 한다면 지극히 어렵겠지만, 만약 정토업이 성취되고나면 지극히 쉽게 도달한다는 것이다. 그러므로 무릇 이와 같은 도리를 믿음으로 긍정하기만 한다면 중생에게도 어려움이 없다고 말한다.

넷째 대원력이 있으면 오탁악세의 범부중생도 왕생한다. 이에 임종시에 염불하는 것만으로 왕생할 수가 있겠는가 하는 질문에 대하여『정토혹문』에서는『西資鈔』의 말을 빌려서 "정토에 왕생할 수 있는 것은 곧 타력에 의한 것이다. 미타의 원력에 섭수되고, 석가의 勸讚을 받으며, 제불에게 護念받는 것은, 마치 대해를 건너갈 경우에 이미

---

136)『淨土或問』, (『大正新脩大藏經』 47, p.298下)
137) 成時,『淨土十要』卷6, (『卍續藏』 61, p.687中)『淨土自信錄』은 宋 王闐이 지은 책이다. 왕전은 四明 출신으로 호는 無功叟인데, 禪林의 宗旨 및 天台의 敎門에 통달하지 못한 것이 없었다. 만년에 專心으로 念佛하다가 서쪽을 향하여 앉은 채로 입적하였다. 기이한 향기가 자욱하였고, 다비를 하였는데 콩알 크기의 사리가 180粒이 나왔다.

큰 배를 확보하고, 이에 훌륭한 안내자가 있으며, 더욱이 편풍을 탄다면, 반드시 피안에 속히 도달할 수가 있는 경우와 같다. 그러나 만약 배에 올라타지 못하고 惡國에 지체하여 머물러있다면 그 누가 대해를 건너갈 수 있겠는가."[138]고 말한다.

　여기에서 타력을 비유한 것은 마치 백 개의 큰 돌을 배에 실었을 때 배의 힘에 의하여 그 돌이 물속에 가라앉지 않는 경우와 같다. 만약 그 배가 없다면 아무리 작은 돌멩이라도 물속에 가라앉고 말 것이다. 배는 부처님의 힘을 비유하고 돌멩이는 악업을 비유한다. 때문에 살아생전에 수많은 악업을 지었을지라도 진심으로 염불을 하면 임종을 만나서도 찰나에 왕생한다는 것은 곧 미타의 원력에 섭수되고, 석가의 勸讚을 받으며, 제불에게 護念받는 것임을 말하고 있다.[139] 마치 대해를 건너갈 경우에 이미 큰 배를 확보하고, 이에 훌륭한 안내자가 있으며, 더욱이 편풍을 탄다면, 반드시 피안에 속히 도달할 수가 있는 경우와 같다. 그러나 만약 배에 올라타지 못하고 惡國에 지체하여 머물러있다면 끝내 대해를 건너갈 수가 없다고 말한다.

---

138)『淨土或問』,(『大正新脩大藏經』47, p.299中) ;『淨土十要』卷6,(『卍
　　續藏』61, pp.697下-698上) ;『樂邦文類』卷4,(『大正新脩大藏經』47,
　　p.201上) 참조.
139)『淨土或問』,(『大正新脩大藏經』47, p.299中) 참조.

다섯째, 報恩과 決志와 求驗이 있어야 한다. 이 대목은 정토에 왕생하는 수행법으로서 원만한 성취를 위한 간곡한 당부에 해당하는 설명이다.[140] 報恩이란 이미 정토업을 닦았으면 반드시 보은을 생각해야 한다. 佛恩과 國家恩과 父母恩과 師長恩이 지중함을 알아야 한다. 경전에서는 "불효하는 죄는 반드시 지옥에 떨어진다. 그런즉 일념만이라도 정념이 단절되면 그것은 곧 지옥업이 된다."[141]고 말했다.

決志란 만약 정토수행에 매진하려면 의지가 굳건해야 한다. 그대가 일생동안 참선해왔으면서도 선으로는 아직 깨치지 못하였고, 또한 간경수행을 해왔지만 간경공부로는 아직 지혜를 해명하지 못하였다. 그것은 의지에 결정력이 없고 情念이 복잡다단하여 正念이 단절된 탓이다.

求驗이란 이미 專修하여 장차 영험을 추구하는 것으로 "저 여산의 혜원법사만이 일생에서 3회에 걸쳐서 부처님의 미정수기를 받았을 뿐이고, 또 저 회감법사만이 부처님 명호를 칭명하여 견불할 수 있었으며, 저 소강법사만이 부처님을 한 차례 부르자 한 부처님이 입으로부터 나와서 날아간 모습을 대중이 보았고, 열 번 부르자 곧 열 부처님이 입으로부터 나와서 날아갔는데 마치 구슬을 꿴 줄과 같았다."[142]는

---

140) 『淨土或問』, (『大正新脩大藏經』 47, p.302上-下) ; 『淨土十要』 卷6, (『卍續藏』 61, pp.700上-701上) 참조.
141) 『雜寶藏經』 卷9, (『大正新脩大藏經』 4, p.492下)
142) 『淨土或問』, (『大正新脩大藏經』 47, p.302中) ; 虛舟德眞, 『淨土紺珠』,

말에서 엿볼 수가 있다. 이것은 마음에 단절이 없이 계속
한다면 견불은 어렵지 않기 때문에 마음에 단절이 일어나
면 결코 견불할 수가 없다는 것을 말한 것이다. 그래서 이
미 견불할 수가 없다면 부처님과 인연이 없고, 부처님과
인연이 없으면 정토에 왕생하기가 어려우며, 정토에 왕생
하지 못하면 반드시 악도에 떨어진다. 그런즉 일념만이라
도 단절이 있다면 곧 그것이야말로 삼악도의 업이 된다는
것이다.

　그러나 念이 부처님을 떠나지 않으면 부처님도 念을 떠
나지 않아서 감응의 길이 교차하여 현전에서 견불한다. 이
미 정토의 부님을 친견하면 곧 시방제불을 친견한다. 시방
제불을 친견하면 곧 자성의 천진불을 친견한다. 이에 천여
유칙은 영명연수의 [參禪念佛四料揀偈] 가운데 第三料揀
을 인용하여 다음과 말했다.

　선이 있고 정토수행도 있으면
　뿔까지 갖춘 호랑이와 같아서
　현세에는 인간의 스승이 되고
　내생엔 부처님과 조사가 된다[143]

　　　(『卍續藏』 62, p.656下) 참조.
143) 『淨土或問』, (『大正新脩大藏經』 47, p.302下)

곧 선의 깨침과 정토의 왕생을 획득하는 것은 마치 선정을 통한 깨침을 말미암아서 불법에 깊이 통달하는 까닭에 인간세상과 천상세간의 스승노릇을 하고, 정토왕생의 발원을 말미암아서 속히 불퇴전의 경지에 올라서 십만 관의 황금을 허리에 차고서 학을 타고 양주에 도달하는 모습과 같다는 것이다.

이와 같은 결과는 모두 염불수행의 증험에서 나온 말들로서, 염불수행의 원리를 선수행의 원리와 결부시켜서 선과 염불의 관계를 잘 보여주고 있는 대목이다.

5. 왕생수행의 실제

『정토혹문』에서는 우선 모든 범부중생이 왕생하는 방법으로 觀想法과 憶念法과 衆行法의 삼문수행을 권장하고 있다. 이들 수행방법은 극락세계의 아미타불에 의거하는 것이 중심을 이루고 있다. 정토왕생에는 본래 특별한 수행법이 없지만 중생의 미혹을 인하여 수행법이 생겨났고, 법에는 고 · 하가 없지만 중생의 근기를 말미암아 수행법이 생겨났다. 이에 근기가 다양하고 또한 다르기 때문에 수행법도 다양한 부류로 드러났다.

첫째, 觀想法은 관상하는 본체를 알면 곧 是心作佛이고 是心是佛이다. 이것은 제불여래는 본래 법계의 몸으로서

일체중생의 心想에 이미 들어있다는 것으로부터 출발한
다. 때문에 자기의 心想이 그대로 부처일 경우에 그 心은
곧 32상이고 80수형호로서 그 心이 곧 부처가 된다. 이에
천태지의는 是心作佛과 是心是佛의 관계에 대하여 미묘한
해석을 가하고 있다.[144] 이것은 무릇 제불법신이 자재한
것도 心想으로부터 발생한 것임을 설명한 것이다. 이에 중
생이 아미타불을 관찰할 경우에 중생의 마음이 청정하면
그것이 곧 법신으로서 자재하기 때문에 그 경우를 가리켜
중생의 心想에 들어있다고 말한 것이다. 사명지례는 이와
관련하여 "佛身을 觀想하려면 모름지기 관상하는 體를 알
아야 한다."고 말한다.[145]

이와 같은 구체적인 觀想法은 『관무량수경』에서 위제휘
부인이 同居穢土를 멀리하고 同居淨土를 추구한 대목에
잘 드러나 있다. 곧 위제휘 부인이 예토를 버리고 정토를
취하려는 것에 근거하여 부처님께서 관법을 제시함으로써
반드시 예토를 모두 버리고 남김없이 정토를 드러내는 것
이다. 마치 월개장자가 비사리국에서 벌어졌던 과보의 병
을 벗어나기 위한 까닭에 관음보살에게 간청하여 주력을
펼치자, 이에 삼독의 근원이 소멸되고 오안의 과보가 구족

---

144) 天台智者大師說, 『佛說觀無量壽佛經疏』, (『大正新脩大藏經』 37, p.192中)
145) 四明知禮 述, 『觀無量壽佛經疏妙宗鈔』 卷4, (『大正新脩大藏經』 37, pp.219下)

된 것과 같다.146) 때문에 일심삼관으로 정토에 왕생하기를 추구하는 자에게 삼혹은 예토의 인이 되고 삼제는 정토의 과가 된다.

둘째, 憶念法은 아미타불의 상호를 인연하기도 하고 명호를 수지하기도 하는 것은 모두 억념법이다. 여기에는 理의 경우가 있고 事의 경우가 있다. 『정토혹문』에서는 『화엄경』의 경문에서 해탈장자의 말을 인용하여 "제가 만약 안락세계의 무량수여래를 친견하고자 하면 마음대로 곧 친견합니다. 이와 같이 시방의 일체세계의 모든 여래를 제가 만약 친견하고자 한다면 마음대로 친견합니다. 제가 이와 같이 알고, 이와 같이 억념하며, 친견하는 제불은 모두 자심을 말미암습니다."147)고 말한다.

억념이란 마음속에 아미타불을 기억하면서 잊지 않는 것으로서 철저하게 유심주의의 성격이 강하다. 때문에 "청량의 貞元疏에서는 다음과 같이 말한다. '그 여래께서는 여기에 오시지도 않았고'의 대목 이하부터는 惟心을 正辨한 것이다. 곧 마음이 무심해야 곧 진여에 들어가서 저 相이 虛임을 안다는 것이다. 오직 마음이 드러난 까닭이다."148)

---

146) 法喜 譯, 『請觀世音菩薩消伏毒害陀羅尼呪經』, (『大正新脩大藏經』 20, p.34下) 참조.
147) 『淨土或問』, (『大正新脩大藏經』 47, pp.295下-296上) ; 『大方廣佛華嚴經』 卷63, (『大正新脩大藏經』 10, p.339下) 참조.
148) 『樂邦文類』 卷1, (『大正新脩大藏經』 47, p.159上)

고 말한 것은 바로 이 점을 지적한 것이다. 이처럼 이미 유심인 줄을 아는데, 마음을 알면 곧 부처이다. 때문에 念마다 부처 아님이 없다. 이와 관련하여 영명연수는 유심의 所作을 항상 중도에 계합되는 것이라고 말한다.[149]

感應道交란 중생이 부처의 應現에 통하고 부처가 중생의 機感에 통하는 것을 말한다. 마치 '어린 아이가 엄마를 생각하는 것이 마치 엄마가 아이를 생각하듯이 한다면 모 · 자가 몇 생을 거쳐도 서로 어긋나서 멀어지는 법이 없다.'[150]는 말과 같다.

그러나 그가 이미 자증한 無生法忍을 관찰하자면 곧 염불하고 있는 마음이다. 그래서 『아미타경』에서는 '명호를 붙들고 일심불란의 경지에 이르러야 한다.'고 말했다. 이 일심불란에 대하여 淨覺은 '만약 그 마음[一心]에 통달하면 내 · 외 · 심 · 경의 四性이 발생하지 않고 空慧와 더불어 상응하는데 그것이 理一心이고, 만약 용심을 念에 두면 염념에 간단이 없는데 그것을 事一心이라 말한다.'[151]고 설명하였다.

이 일심불란에 대하여 『정토혹문』에서는 진헐청료의 말을 인용하여 事一心不亂 및 理一心不亂을 말하고 있다.[152]

---

149) 延壽, 『万善同歸集』 卷上, (『大正新脩大藏經』 48, p.967上-中)
150) 可度 箋, 『大佛頂首楞嚴經』 卷第五下, (『卍續藏』 11, p.1019下)
151) 『樂邦文類』 卷1, (『大正新脩大藏經』 47, p.153下) 참조.
152) 『淨土或問』, (『大正新脩大藏經』 47, p.296中) ; 『西方直指』 卷上,

진헐청료의 말에 대하여, 천여유칙은 일찍이 이것을 평하여 '유심으로 念하지도 말고, 무심으로 念하지도 말며, 역유심역무심으로 念하지도 말고 비유심비무심으로 念하지도 말라.'[153)는 四節에 대하여 삼관에 배대하였던 적이 있다.

따라서 이 억념법을 통하여 혹 심지어 역악범부에 이르기까지도 임종에 이르러 10념을 하면 또한 왕생을 한다고 말한다. 이것은 바로 억념법이 중·하근기 및 하하근기까지 섭수되어 왕생법으로 수행되고 있음을 말해주고 있다.

셋째, 衆行法은 여러 가지를 복합적으로 수행하는 방법이다. 가령 저 『화엄경』에서 보현보살이 선재동자로 하여금 海會大衆에 나아가 십대원을 일으킬 것을 권장한 것이라든가,[154) 또한 『법화경』에서 말하고 있는 "이 경전을 듣고 설법대로 수행하며, 이 목숨이 끝날 때 안락세계의 아미타불과 대보살중이 위요하는 주처에 가서 연꽃속의 보좌 위에 태어나서, 다시는 탐욕의 번뇌를 받지 않고, 또한 다시는 진에와 우치의 번뇌를 받지 않으며, 보살의 신통력과 무생법인을 터득한다."[155)라든가, 또한 『대보적경』에서 10종심을 일으켜 극락세계에 왕생한다는 경우[156) 등을 가

(『卍續藏』 61, p.628中-下)

153) 天如惟則 會解, 『楞嚴經圓通疏』 卷5, (『卍續藏』 12, p.826中)
154) 『大方廣佛華嚴經』 卷40, (『大正新脩大藏經』 10, p.844中) 이하.
155) 『妙法蓮華經』 卷6, (『大正新脩大藏經』 9, p.54中-下)
156) 『大寶積經』 卷92, (『大正新脩大藏經』 11, p.528中-下)

리킨다.

여기에는 여러 가지 수행이 복합적으로 관련되어 있는 까닭에 정토에 왕생하려는 사람이 생전에 어떤 자세로 살아야 하는가를 그대로 보여주고 있다. 가령 『대보적경』의 경우에 그 10종심을 말미암고도 왕생하지 못한다면 그런 경우는 있을 수가 없다는 것이다. 특히 『관무량수경』에서는 저 극락세계에 왕생하고자 하는 사람은 반드시 십선업을 닦고 삼귀의계를 수지하며 보리심을 일으켜서 인과를 심신하는 등 세 가지 복덕을 닦아야 한다고 말한다.[157]

여기에서 말하는 3종수행은 과거·미래·현재의 諸佛淨業의 正因이다. 때문에 천태지의는 "첫째의 업은 모두 범부에 공통한다. 둘째의 업은 이승에 공통한다. 셋째의 업은 이에 대승에 해당하는 것으로서 범부와 소승에는 공통되지 않는 가르침[法]이다."[158]고 주석을 붙였다. 그러므로 『정토혹문』에서는 중행법에는 송경·지주·건탑·조상·예배·찬송·봉지·재계·소향·산화·현증(비단 깃발을 내거는 행위)·번개(일산으로 장엄하는 행위) 등이 모두 포함되어 있다. 중행법에서는 특별히 어느 한 가지만이라도 자기에게 맞는 것을 선택하여 근기에 상응하는 것을 활용하는 것이 필요함을 말하고 있다.[159]

---

157) 『佛說觀無量壽佛經』, (『大正新脩大藏經』 12, p.341下) 참조.
158) 天台智顗, 『觀無量壽佛經疏』, (『大正新脩大藏經』 37, p.191上)

이와 같은 낱낱의 行과 낱낱의 事를 구족함으로써 信力과 願力과 回向力을 근본으로 하여 왕생하지 못하는 사람은 없다160)고 말한다.

   넷째, 十念法인데 『정토혹문』에서는 삼문수행 이외에도 염불수행의 실제적이고 구체적인 방법으로서 십념을 설득력 있게 강조한다. 곧 염불하는 사람으로서 어떤 사람은 오로지 32상에 대해서만 반연하여 마음을 모아두고서 선정을 터득하기도 하여 눈을 뜨건 눈을 감건 항상 견불을 하고, 어떤 사람은 무릇 오로지 명호만 불러서 마음을 모아서 흩어지지 않게 하여 또한 현신에서 견불하기도 한다. 그리고 대부분 부처님의 명호를 부르는 것을 최상으로 간주한다.

   이 경우에 부처님의 교법을 부를 때는 반드시 마음을 제어하여 산란하지 않도록 해야 한다. 곧 염념에 상속하여 부처님의 명호에 繫緣하고, 입속에서는 소리마다 항상 아미타불을 부르며, 마음으로는 글자마다 분명하게 緣歷해야 한다. 부처님의 명호를 부를 때는 그 다소에 상관없이 모름지기 一心·一意로써 마음과 입이 상속되어야 한다. 이와 같은 방식으로 하면 일념에 80억 겁의 생사 동안 지어온 죄를 소멸시킨다.

---

159) 『淨土或問』, (『大正新脩大藏經』 47, p.301中) 참조.
160) 『淨土或問』, (『大正新脩大藏經』 47, p.297上)

여기에서 『정토혹문』에서는 십념에 대하여 "십념이란 매일 정신이 맑은 새벽에 서쪽을 향해서 바르게 서서 합장하고 연속하여 아미타불을 부르되, 한 숨[一氣]이 다 꺼지도록 하는 것을 일념으로 간주한다. 이와 같이 하여 十氣 동안 하는 것을 십념이라 말한다."[161]고 하여 보다 구체적으로 설명을 한다. 이처럼 十氣를 연속해서 단절이 없도록 해야 하는데, 그 까닭은 마음이 산란하지 않고 신경을 써야만 오로지 정진하는 功이 이루어지기 때문이다. 이것을 십념이라 말하는데, 氣에 의지하여 마음을 단속하는 것을 드러내려면 이것을 일생 동안 다해야지 하루라도 그리고 잠시라도 그만두면 안된다.[162] 십념을 마치고는 반드시 회향발원할 것을 말한다.[163]

이와 같은 구체적인 내용은 원력의 중요성을 말한 것으로서, 오탁악세의 범부중생도 대원력을 세우는 것으로부터 시작하여 궁극에 반드시 왕생한다는 점을 강조하였다. 때문에 십념의 강조를 통하여 찰나왕생도 가능하다는 용기를 줄 뿐만 아니라 발원과 원력의 중요성을 일깨워주고 있다. 여기 십념염불에서는 반드시 수시염불과 상시염불

---

161) 『淨土或問』, (『大正新脩大藏經』 47, p.301中)
162) 遵式 述, 『往生淨土決疑行願二門』, (『大正新脩大藏經』 47, p.147上) 참조.
163) 『淨土或問』, (『大正新脩大藏經』 47, p.301中) ; 『淨土十要』 卷6, (『卍續藏』 61, p.699中-下) 참조.

을 비롯하여 일심으로 임해야 할 것을 설명하고 있다. 여기에서는 왕생하는데 있어서 발원과 원력과 회향의 중요성을 말하고 있다.

다섯째, 稱名念佛은 일심의 칭명염불로서 專修를 가리킨다. 전수란 중생의 장애가 무거워서 경계는 섬세한데 마음이 거칠어서 識이 일어나면 神이 흩어져서 觀이 성취되기 어렵다. 이에 부처님께서 자비로써 곧장 명호를 專稱하도록 권장하였다. 이와 같은 모습에 대하여 "단절이 없이 수행한다는 것은 몸으로는 모름지기 오로지 아미타불에게 예배하면서 다른 예배가 없어야 하고, 입으로는 모름지기 오로지 아미타불을 부르면서 다른 명호를 부르지 말아야 하며, 또 다른 경전을 독송하지 말아야 하고, 마음으로는 모름지기 오로지 아미타불을 생각하여 다른 생각이 없는 것을 가리킨다."[164]고 말한다. 따라서 만약 專修를 포기하고, 다른 잡업을 닦아서 왕생을 추구하는 자는 백 가운데 한두 명도 왕생이 드물고, 천 명 가운데 서너 명도 왕생이 드물다. 이에 영명연수는 『만선동귀집』에서는 "모름지기 일심으로 귀명하여 모두 精修하는데 바쳐야 한다."[165]고 말한다.

이것은 염념상속하여 참으로 간절하게 칭명염불해야 할

---

164) 『淨土或問』, (『大正新脩大藏經』 47, p.301下)
165) 『萬善同歸集』 卷上, (『大正新脩大藏經』 48, p.968下)

것을 말한 것이다. 선도화상의 경우에 천축에서는 아미타불의 화신으로 불리우는데, 그가 專修한 無間修行은 바로 念念相續에 요점이 있었다. 고인은 등한하게 발원하지 말고, 산란하게 칭명하지 말고 간절하게 염불하라고 말하였다. 그 간절함이란 자신이 살아온 삶에 대한 반성으로서 은혜와 감사를 통한 염불이기도 하다. 때문에『정토혹문』에서는 왕생하는 수행법의 마지막으로 염념상속을 제대로 유지할 것을 강조한다. 그러기 위해서 報恩과 決志와 求驗이 필요하다고 설명한다.

6. 가치와 의의

『정토혹문』은 정토 및 왕생의 문제와 관련하여 26항목의 문답을 통하여 그 의문점을 해결해주고, 나아가서 정토왕생 대한 믿음을 지니도록 하고 직접 누구나 가능한 다양한 수행법을 제시해주는 안내서에 해당한다. 여기에는 선종의 선사라 할지라도 정토의 왕생에 관심을 지녀야 하는 이유와 그 당위성 등에 대하여 명쾌한 설명이 드러나 있다. 때문에『정토혹문』에서는 우선 선은 견성이고 정토는 속진의 초월이지만 공통적으로 실천해야 할 通途이고 捷徑임을 다음과 같이 몇 가지로 제시해주고 있다.

첫째는 정토의 왕생에 대한 기본적인 성격을 이해시켜

주고 있다. 여기에서 제시하는 정토는 유심정토이고 미타는 자성미타로서 궁극적으로 성불의 방편설로 제시되어 있다. 그런데 방편은 차별이고 그 궁극은 평등한 까닭에 다양한 수행법으로 제시되어 있다.

둘째는 정토에 왕생하는 조건에 대한 것이다. 정토에 왕생하는 것은 누구나 가능하지만, 제대로 왕생하기 위해서는 깨쳐야 한다. 그러기 위해서는 불퇴전의 정진이 필요하고 정토에 대한 의심을 타파해야 한다.

셋째는 정토에 왕생하는 데에는 감응의 차별이 있다. 따라서 4종의 국토가 있고, 16가지의 인연의 차별이 있다. 그렇지만 궁극적으로는 아미타불의 위신력으로 누구나 언제든지 왕생의 길이 열려 있다고 말한다.

넷째는 정토에 왕생하는 수행방법에 대한 것이다. 여기에는 왕생의 원리로서 누구나 자신의 마음을 청정하게 유지하는 것이 필요하다. 이에 발심을 하고 원력을 세워서 일심으로 염불하면 십념에 왕생이 가능하다고 말한다. 여기에서 말하는 십념은 곧 일심을 벗어나지 않는다. 때문에 일심으로 수행한다면 관상법과 억념법과 중행법의 삼문수행을 비롯하여 십념법과 칭명염불 등을 통하여 누구든지 왕생이 가능하다고 말한다.

이 가운데 염불수행에 대해서는 상황 및 여건의 차이로 말미암아 수시염불 및 상시염불 등이 있지만 불퇴전의 일심으로 칭명염불하여 정진한다면 오탁악세의 범부중생이라도 하나도 빠짐없이 왕생이 가능하다고 말한다.

특히 정토에 왕생하는 수행방법에 대해서는 방편의 차별이라는 점에서 다양한 방법을 긍정하여 수용하고 있다. 그러나 궁극적으로는 일심의 불퇴전으로 정진해야 한다는 점에서는 동일한 입장을 견지하고 있다. 때문에 아미타불을 본사로 삼아서 일심으로 칭명염불을 하되 청정념이 상속되어야 한다는 점으로 귀일된다.

거기에는 결국 왕생에 있어서 자신의 근기에 상응하는 수행법의 활용이 필요한데, 이에 반드시 회향에 대한 報恩이 있어야 하고, 개인의 정진에 해당하는 決志가 있어야 하며, 누구나 지속적인 정진을 위해서는 직접적으로 求驗이 필요하다고 설명한다. 이와 같은 설명은 일찍이 天台智顗의 『淨土十疑論』을 비롯하여 永明延壽의 『宗鏡錄』 및 『萬善同歸集』, 그리고 宗曉의 『樂邦文類』 등을 계승하면서 임제종의 선사였던 天如惟則이 선의 입장과 더불어 정토의 왕생을 긍정했다는 점에서도 주목된다. 특히 선사들이 보여준 수많은 관심과 저술들은 정토의 왕생이야말로 깨침과 배치되지 않는다는 점을 잘 보여주고 있다. 이런 저에서 여기에서 고찰한 『정토혹문』의 가치는 이후로 선과 정토의 상호 관련성 내지 禪淨一致에 대한 입장을 조명하는데 주목할 가치가 있다.

때문에 본 『정토혹문』에서는 이와 같이 정토에 왕생하는 의문의 해소와 그 수행법에 대한 자세한 설명은 이후로 수많은 정토관련 전적들에 수용되어 갔다. 특히 명나라 시대에 다수 등장했던 袁宏道의 『西方合論』, 宗本의 『歸元直指集』, 李贄의 『淨土決』, 成時의 『淨土十要』등에 널리 인용되었다. 조선시대에도 栢庵性聰의 『淨土寶書』 및 『栢庵淨土贊』을 비롯하여 虛舟德眞의 『淨土紺珠』등에도 많은 내용이 인용되어 전승되었으며, 근대에 이르러서도 錦溟寶鼎의 『淨土讚百詠』 및 『念佛要門科解』, 기타 『參禪念佛文』등이 속출되었다.

금강반야바라밀경윤관

金剛般若波羅蜜經綸貫

涵虛得通 述

함허득통이 서술하다

차 례
Contents

金剛般若波羅蜜經綸貫

涵虛堂 得通 述

『금강반야바라밀경윤관』
함허당에서 득통이 서술하다

I. 서언[166]

夫金剛者 言簡意密 事周理圓 凡出世因緣 度生體裁 含攝
無餘 於戲諸佛能事 一部盡之矣 經云爲發大乘者說 爲發最
上乘者說 豈欺人哉 若使具眼者見之 一見便見無疑 若不具
眼到此總須茫然

대저 금강이란 그 말은 간결하고 뜻은 현밀하며 事는 두
루하고 理는 원만하다. 그리하여 무릇 세속을 벗어나는 인
연과 중생을 제도하는 가르침이 모두 남김없이 포함되어
있다. 때문에 제불의 공능과 사업이 이 『금강경』 한 책에 다
들어있다고 할 수 있다. 경전에서 말한 "대승심을 낸 자를

---

166) I. 서언을 비롯한 [차례]의 일련번호 및 그 제목은 번역하는 과정에
서 편의상 보충하였다.

위하여 설하고 최상승심을 낸 자를 위하여 설한다.”는 말
이 어찌 사람들을 속이는 것이겠는가. 만약 안목을 지닌
자가 이 경전을 본다면 한 번 보고는 곧 그 뜻에 걸림이
없을 것이다. 그러나 만약 안목을 지니지 못한 자가 이 경
전을 보기에 이른다면 모두 망연자실하고 말 것이다.

有客問余曰 大凡經文皆有序正流通 其間必文字相因 鉤鎖
連環 意義相次 血脈貫通然後 能使人開卷滿目易曉其義 今
此一部金剛 序分流通 就正宗一分 文意重踏律呂不次 致令
讀者 騰疑未決 如經初卷住降已 乃問云 可以身相見如來不
安名勸持 以至說塵非塵界 又問云 可以三十二相見如來不
明福德有實無實 又問云 佛可以具足身相見不 明不作念度
生 以至明我非我凡非凡 又問云 可以三十二相見如來不一
般 佛身何以四重問來 又空生前三問 則一一答契佛意 何以
於最後一問 錯承佛意 累他如來 再三提警 又空生得六萬三
昧 解空第一 又於前經 屢問三空之義 何以到此 相見未忘蒙
佛痛與針劑 方始知非 又滯致見 致令如來更教不起斷滅之
見 此未徹證而然歟 自己徹證方便爲機而然歟 若道自未徹
證而然 其爲人穎悟特達早向敷座處 徹見如來心肝 出來道
希有 又經云 須菩提聞說是經 深解意趣 涕淚悲泣 而白佛言
希有世尊云云 然則豈謂自未徹證而然耶 共道方便爲機而然
爲機之言 何所據依 又前三問 則皆云見如來最後獨言觀如

來 見歟觀相去多小 爲有淺深 爲無淺深 又下經云 無所從來
亦無所去 故名如來 一箇如來 前已重重現示 何更此示 致令
文義叢雜乎 又空生兩重問 云何住降 兩重問 頗有衆生生信
心不 如來一一隨問有答 問答語意多相似 但增減不同耳 又
如來兩重問 如來有所說法不 兩重問大身 兩重問塵界 空生
亦一一隨問有答 此等問答亦語意多相似 又云汝勿爲如來作
是念 我當有所說法 又云汝等勿謂如來作是念 我當度衆生
說法度生 皆屬化門 此皆明化無所化也 與上無所說等文 文
雖小異 意實相同 又讚福德者非一 又以內外財較量者 亦非
一二 如上諸說隨其類 但標一語 而義已現矣 何以重重說示
乎 若欲垂範後世 固當發言有條理 說義有倫序 今則反是 似
乎叢雜 佛爲人天師法中王 一擧而爲天下法 一言而爲萬世
鑑 如上重重說示者 豈徒然哉 學人有疑 願聞其說

어떤 나그네가 내게 물었다.

대체적으로 경문에는 모두 [서분]과 [정종분]과 [유통분]
이 있습니다. 이들 사이에는 반드시 문자끼리 서로 因이
되어 있어야 합니다. 마치 쇠사슬과 쇠고리가 연결[連環]
되어 있는 것과 같이 그 뜻이 결부[相次]되어 있고 혈맥이
관통해야 책을 펼친 모든 사람들에게 그 뜻이 쉽게 전달될
수 있을 것입니다.

그러나 지금 이 한 권의 『금강경』은 [서분]과 [유통분]은 그런대로 그렇습니다. 그러나 [정종분]을 살펴보면 글의 뜻이 중첩되어 있고 글의 흐름도 차례가 맞지 않아 이 경전을 읽는 사람들로 하여금 의심을 불러일으켜 헷갈리게 합니다.

가령 경전의 첫머리에서 수보리가 '어떻게 주해야 합니까.', '어떻게 그 마음을 다스려야 합니까.'를 묻고 있습니다. 그 이후에 부처님은 수보리에게 1. '가히 신상을 통해서 여래를 볼 수[見如來] 있겠느냐.' 묻고서, 『금강경』이라는 명칭을 붙여 그 『금강경』이라는 명칭으로 수지하도록 권장을 합니다. 나아가서 미진이 미진의 세계가 아니라고 설하였습니다.167)

또한 2. '가히 32상을 통해서 여래를 볼 수[見如來] 있겠느냐.'라고 물으면서 복덕의 實과 不實에 대하여 설명하였습니다.

또한 3. '부처님을 신상의 구족을 통해서 볼 수[見如來] 있겠느냐.'고 물으면서 중생을 제도한다는 생각을 내지 않는다는 것을 설명하였고, 내지 我가 我가 아니고 범부가 범부가 아님을 설명하였습니다.168)

---

167) 이상 제13 [여법수지분]의 중간 부분까지는 상근기를 위한 법문에 해당한다.
168) 이상 제25 [화무소화분]의 부분까지는 중근기를 위한 법문에 해당한다. 이하 제26 [법신비상분]의 부분부터 제32 [응화비진분]의 應作如是觀의 대목까지는 하근기를 위한 법문에 해당한다.

또한 4. '가히 32상을 통해서 여래를 볼 수가[觀如來] 있겠느냐.'라고 물은 것이 있습니다. 이렇게 보면 똑같이 불신에 대하여 어째서 네 번이나 물은 것입니까.

또한 공생(수보리)이 위에서 질문한 세 가지 경우(1.-3.)에 대해서는 각각의 답변이 부처님의 뜻에 계합되었음에도 불구하고, 어째서 마지막의 한 가지 질문(4.)에 대해서는 부처님이 기대하는 의도에 어긋나게도 거듭 저 여래로 하여금 재삼 깨우쳐주시게 하였습니까.[169]

또한 공생이 6만 가지 삼매를 얻어 해공제일이라 불리우고, 위의 경문에서 세 가지 공의 뜻을 누누이 물었습니다. 그런데 어째서 여기에 이르러서는 相見을 잊지 못하고 부처님의 통렬한 꾸지람을 들은 연후에야 비로소 그릇된 줄을 알았습니까.

또한 相見에 막혔으면서도 다시 여래로 하여금 단멸의 견해를 내지 말라는 가르침을 펴게 하고 있습니다.

이와 같은 내용으로 보면 공생이 철저하게 깨치지 못하여 그렇게 말한 것입니까, 아니면 공생은 이미 철저히 깨

---

[169] 앞의 세 차례는 부처님이 질문에 대하여 수보리가 '그렇지 않습니다.'라고 부정적인 형식으로 답변하였는데, 네 번째의 경우는 '그렇습니다.'라고 긍정하는 형식으로 답변을 한 것이다. 鳩摩羅什 譯, 『金剛般若波羅蜜經』, (『大正新脩大藏經』 8, p.752上) "如是如是 以三十二相觀如來" 따라서 여래는 수보리의 답변에 대하여 거듭 일깨워주는 말씀을 하였다.

쳤지만 방편으로 중생을 위하여 그렇게 말한 것입니까. 만약 공생 자신이 철저하게 깨치지 못하여 그렇게 말한 것이라면 어째서 그 사람됨이 지나치게 총명하고 뛰어나서 자리를 펴고 앉으실 때 이미 여래의 마음을 알아차리고 '희유하십니다.'라는 말을 한 것입니까.[170]

또한 경문에서는 '수보리가 이 경전을 듣고서 깊이 그 뜻을 알아차리고는 눈물을 흘리고 슬피 울면서 부처님께 말했다. 희유하십니다, 세존이시여. ⋯'라고 했습니다. 만약 그렇다면 어째서 공생 스스로 깨치지 못하고서야 이런 말을 했겠습니까.

더불어서 방편으로 중생을 위해서 그렇게 말했다면 중생을 위한다는 말은 무엇에 근거한 것입니까.

또한 위에서 공생이 질문한 세 가지의 경우는 모두 見如來라 하였는데 마지막의 경우에만 유독 觀如來라 했습니다. 이것은 見과 觀의 거리가 얼마나 되고 그 깊고 옅음에 차이가 있는 것입니까 없는 것입니까.

또한 경문의 끝 부분에서 '온 바가 없고 또한 간 바가 없다. 그러므로 여래라 이름한다.'고 말했습니다. 같은 여래를 위에서도 여러 차례 드러내 보였는데[171] 왜 하필 다

---

170) 수보리는 여래가 언설로 설법을 하기도 전에 이미 여래가 설법한 뜻을 알아차린 까닭에 '희유하십니다.'라고 찬탄한 것을 가리킨다. 이 경우 수보리는 상상근기의 소유자로서 총명한 이미지로 부각되어 있음을 가리킨다.

시 여기 부분에서 드러내어 경문의 뜻을 전체적으로 복잡하게 만드는 것입니까.

또한 공생이 '어떻게 주하고, 어떻게 그 마음을 다스려야 합니까.'라는 것을 거듭 질문을 하고, 또한 '어떤 중생이 신심을 내겠습니까.'라는 것을 거듭 질문을 한 것에 대하여 여래는 묻는 것에 따라 낱낱이 답변을 하였습니다. 그 문답의 말과 뜻으로 보면 거의가 비슷한데 단지 증감에만 차이가 있습니다. 그리고 여래가 공생에게 '여래에게는 설법한 바가 있는가.' 하고 거듭 물었고, '大身'에 대해서도 거듭 물었으며, '미진세계'에 대해서도 거듭 물었는데, 공생도 또한 여래와 마찬가지로 여래의 질문에 따라 낱낱이 답변을 하였습니다. 이와 같이 여래와 공생이 행한 질문과 답변도 또한 그 말과 뜻으로 보면 거의가 비슷합니다.

또한 경문에서 '그대는 다음과 같이 여래가 나에게는 마땅히 설한 법이 있다고 생각한다고는 말을 해서는 안된다.'라고 말한 것이라든가, 또한 경문에서 '그대들은 다음과 같이 여래가 나는 마땅히 중생을 제도하였다고 생각한

---

171) 『金剛般若波羅蜜經』에는 여래에 대한 定義를 다음과 같이 세 차례 언급한다. 鳩摩羅什 譯, 『金剛般若波羅蜜經』, (『大正新脩大藏經』 8, p.750中) "離一切諸相則名諸佛" ; (『大正新脩大藏經』 8, p.751上) "如來者卽諸法如義" ; (『大正新脩大藏經』 8, p.752中) "如來者無所從來亦無所去故名如來" 이 가운데 앞의 두 가지 경우를 가리킨다.

다는 말을 해서는 안된다.'라고 말했습니다. 이처럼 설법과 중생제도는 모두 교화행위에 속하는 것입니다. 이것은 위에서 설한 바가 없다고 말한 것과 비록 문장으로는 약간 다르지만 뜻으로는 서로 같습니다.

또한 복덕을 찬탄한 것도 한 두 번이 아니고, 또 내시 곧 법보시와 외시 곧 재물보시를 비교한 것도 또한 한 두 번이 아닙니다.

이와 같은 모든 경우의 설법은 그 종류에 따라서 단지 한 번만 나타내더라도 뜻이 분명히 드러나는데 어째서 거듭 설법으로 드러낸 것입니까.

만약 후세에 전형적인 모범을 드리우기 위해서 그렇게 반복한 것이라면 본디 말을 함에 있어 조리가 있어야 하고 뜻을 설하는데 있어서는 차례가 있어야 하는 것입니다. 그런데 지금 이 『금강경』은 오히려 그와는 정반대의 경우가 되어 있어 전체적으로 매우 번거롭게 되어 있습니다. 부처님은 인간세계와 천상세계의 스승이고 법 가운데서 왕이므로 한 번 언급하면 그것이 천하의 법이 되고 한 마디 하면 그것이 만세의 귀감이 됩니다. 그런데도 위에서의 경우처럼 거듭 거듭 설법을 하신 것이 어찌 공연한 일이었을까 하는 생각을 하면서도 저희 학인은 그것이 의문스럽습니다. 이에 그 설명을 듣고자 합니다.

圓法不自明　明之由人　苟得其人文文秦鏡互望　帝珠聯輝
未曾見有絲毫隱蔽　苟非其人　字句失次　語意矛楯　未免見有
暖(曖?)昧之愆　如一味之水牛飯之而成乳　蛇飲之而成毒　今
此一部金剛　載於般若第五百七十七卷　而其文義　最爲精密
解者雖衆　唯圭峯所論　盖臻其奧　序云　住一十八處密示階差
斷二十七疑潛通血脈　觀此一語　足見一經之始末矣　余稟受
此經展玩披味亦有年矣　近於二十七疑外　自見前後文義　各
以類應甄明喜雜　君旣呈疑　請嘗言之

(이에 내가 말한다.)

제아무리 원만한 법일지라도 그 스스로 (법을) 밝히지는
못한다. 그 법을 밝히는 것은 사람을 말미암는 것이다. 진
실로 그 사람을 만나야만 모든 글이 마치 서로 마주비추는
秦鏡과 같고 겹겹으로 비추는 帝珠와 같아 일찍이 털끝만
치도 감추어짐이 없다. 진실로 그 사람이 아니라면 字句는
차례를 상실하고 語意는 모순되어 애매모호한 잘못을 면
하지 못할 것이다. 이것은 마치 같은 물을 소가 마시면 우
유가 되지만 뱀이 마시면 독이 되는 것과 같다.

지금 이『금강경』은『대반야경』제577권에 수록된 것
으로 그 文義는 어떤 경전보다도 가장 정밀하다. 그래서
『금강경』을 해석한 사람이 많이 있지만 오직 규봉이 지은
『금강반야경소론찬요』만이 그 오묘한 의미를 다하였다.

규봉은 그 서문에서 "住의 18가지는 보살행의 階差를 은밀하게 보여주며, 27斷疑는 그윽하게 불조의 혈맥과 통해 있다."[172]고 말한다. 이 한 마디를 통해서 한 경전의 시말을 충분히 볼 수가 있다. 나 함허는 이『금강경』을 펼쳐보고 완미한 지가 몇 해가 되었다. 근래에는 27단의 이외에도 전·후의 글이 각각 부류에 따라 상응해 있고 서로 드러내 주면서 뒤섞여 있는 줄을 스스로 알게 되었다. 그대가 의심을 보였으므로 내가 이제 그에 대하여 말해보겠다.

盖諸佛所說 理與行果而已 菩薩所趣 悟與修行而已 群經所載 多種名義 皆攝三更無餘 趣雖有之 源其所自 皆根此而言也 今於此經 次第開示 究其始終累累而說 齊被三根 語簡故義隱難明 累說故文似相似 讀者所以疑而未決 盖以是也

대개 제불이 설법한 바는 도리와 行·果일 뿐이고, 보살이 나아갈 바는 깨침과 수·행일 뿐이다. 그러므로 모든 경전에 수록되어 있는 다종다양한 名·義는 모두 세 가지[173]에 포함될 뿐으로 다시 그 밖의 것은 없다. 비록 갈

---

172)『金剛般若經疏論纂要』, (『大正新脩大藏經』 33, p.154下) 이로써 보면 종밀의 견해에 동조하면서 함허는 무착『론』의 18住 분과와 천친『론』의 27斷疑 분과를 인정하고 있다. 그러나 그 내용에 따른 분과와는 달리 함허는 여기에서 내용과 형식을 아울러 취급하여 3종근기 10문으로 분과하고 있다.

래가 있을지라도 그 근원을 밝혀보면 모두가 이 세 가지에 근거하여 말한 것이다. 지금 이 『금강경』에서는 차례로 그것을 개시하고 그 시종을 궁구함에 있어 누누이 설하여 세 가지 근기를 위하여 골고루 베풀어 놓았다. 그러나 말씀이 간결하기에 뜻이 숨어 있어 그것을 밝히기가 어렵고 누누이 설하였기에 글이 엇비슷하다. 독자들이 의심하여 해결하지 못한 것은 대개 이와 같은 이유 때문이다.

---

173) 제불이 설법한 바 도리와 行·果 내지 보살이 나아갈 바 깨침과 수· 행을 가리킨다. 곧 깨침과 수행과 증득을 가리킨다.

Ⅱ. 次第開示(상근기)

問何爲次開示 曰所謂次第開示者 今經凡有十門 最初師子
際會門 一時佛至五十人俱是也 最後奉教流通門佛說是經已
等是也 就中正宗一分 凡有八門 一依理起信門(亦名開示悟
入門) 二依悟起修門 三成行就果門 四因果圓融門 五法通未
來門 六依理拂迹門七現勝勸持門 八還示拂迹門 時衆久經
淘汰 根緣已熟 時我滿淨覺者 遂欲示之以般若頓宗 於是着
衣持鉢入城乞食收衣洗足 敷座宴坐 時有空生 一見便悟 出
衆讚佛 今當依理起信門也 從爾時世尊食時 着衣持鉢至付
屬諸菩薩是也

묻는다 : 차례로 개시한다[爲次開示]는 것은 무엇입니까.

답한다 : 소위 차례로 개시한다는 것은 이 『금강경』에
무릇 10門이 있다. 최초로 스승과 제자가 나란히 모여 있는
것을 나타내는 一時佛로부터 1250人俱가 (서분) 그것이고,[174]
마지막 가르침을 받들었다는 것이 [유통문(流通門)] 해당하
는데 佛說是經已 등이 그것이다.[175] 이 가운데 [정종분]에는

---

174) 이에 해당하는 경문은 다음과 같다. "이와 같이 나는 들었다. 한때 부
처님께서 사위국의 기수급고독원에 계셨는데 대비구중 1,250명도 함
께 있었다."

175) 이에 해당하는 경문은 다음과 같다. "부처님께서 이 경전을 마치자
장로수보리 및 모든 비구·비구니·우바새·우바이·일체세간의

무릇 8門이 있다. [정종분]의 첫째는 依理起信門(亦名開示悟入門)이고, [정종분]의 둘째는 依悟起修門이며, [정종분]의 셋째는 成行就果門이고, [정종분]의 넷째는 因果圓融門이며, [정종분]의 다섯째는 法通未來門이고, [정종분]의 여섯째는 依理拂迹門이며, [정종분]의 일곱째는 現勝勸持門이고, [정종분]의 여덟째는 還示拂迹門이다.[176]

여기에서 당시의 대중은 오랜 수행을 겪으면서 번뇌를 도태시켜 근기와 인연이 이미 성숙해졌다. 이에 원만하고 청정하게 깨치신 분[滿淨覺者]은 마침내 반야의 돈종을 드러내려고 가사를 수하고 발우를 들고서 성에 들어가 걸식을 하고 돌아와서 가사를 정제하고 발을 씻고 자리를 펴고 편안하게 앉았다.

그때 공생이 그와 같은 부처님의 모습을 한번 보고서 곧 깨침을 얻었다. 그리하여 대중가운데서 앞으로 나와 부처님을 찬탄하였다.

이 부분이 곧 [정종분]의 첫째인 依理起信門에 해당하는데 경문으로는 "그때 세존께서는 공양시간이 되어 옷을 걸치고 발우를 들고 … 모든 보살을 잘 부촉하십니다." 까지이다.[177]

천·인·아수라 등이 이 경전 설하는 것을 듣고 모두 크게 환희하여 믿고 받들어 봉행하였다."

176) 여기에서 함허는 [서분](제1문)과 [정종분](제2문 – 제9문)과 [유통분]의 구성으로 3단 10문의 구성을 말한다.

理旣頓悟 事難頓除 若不起修 終難趣證 由是空生 更欲起修 問佛住修降心之義 佛教以住四心修六度 於中無着 以成妙行 今當依悟起修門也 世尊善男子善女人 發阿?多羅三?三菩提心 至菩薩應如是布施不住於相是也

이치상으로는[理] 이미 돈오했더라도 현실적으로는[事] 頓除하기가 어렵다. 만약 수행을 일으키지 않으면 끝내 증득의 경지에 나아가기가 어렵다. 이로 말미암아 공생은 다시 중생들에게 수행을 일으키도록 하려고 부처님께 應云何住 · 云何修行 · 云何降伏其心의 뜻을 여쭈었다. 이에 부처님은 4종심에 주하여 육바라밀을 닦되 거기에 집착이 없어야만 묘행을 성취한다고 가르쳐준다.

이 부분이 곧 [정종분]의 둘째인 依悟起修門에 해당하는데 경문으로는 "세존이시여, 선남자 선여인이 아뇩다라삼먁삼보리의 마음을 내려면 … 보살은 마땅히 이와 같이

---

177) 이에 해당하는 경문은 다음과 같다. "그때 세존께서는 공양시간이 되어 옷을 걸치고 발우를 들고 사위대성에 들어가서 음식을 구걸하셨다. 그 성중을 차례로 구걸하고 나서 돌아와서 본래 자리에 이르러 공양을 마치고 옷과 발우를 거두셨다. 그리고 발을 씻고는 자리를 펴고 앉으셨다. 그때 장로 수보리가 대중 가운데 있었다. 수보리는 곧 자리에서 일어나 오른쪽 어깨를 드러내어 오른쪽 무릎을 땅에 대고 공경하게 합장하여 부처님께 여쭈었다. 희유하십니다. 세존이시여, 여래께서는 모든 보살을 잘 호념하시고 모든 보살을 잘 부촉하십니다."

보시하되 相에 住하지 않아야 한다."는 대목까지이다.[178]

妙行已立 妙果當成 是以旣[1]悟之以無住妙行 更十方虛空
喩明福不可量 今當成行趣果門也 何以故 若菩薩不住相布
施 其福德不可思量 至無住相布施福德 亦復如是 不可思量
是也 所謂但應如所敎住者 言苟能成行 必當趣果 若欲趣果
但順吾敎 此佛之所以叮寧告戒〈誠?〉而使之勃然而 作快然
勇進 更無猶預也

---

178) 이에 해당하는 경문은 다음과 같다. "세존이시여, 선남자 선여인이 아
뇩다라삼먁삼보리의 마음을 내려면 마땅히 어떻게 머물러 두어야 하
며, 어떻게 그 마음을 다스려야 합니까. 부처님께서 말씀하셨다. 잘
물었다. 진실로 잘 물어보았다. 수보리야, 그대가 말한 바와 같이 여
래는 모든 보살을 잘 호념하고 모든 보살을 잘 부촉한다. 그대는 이
제 분명하게 듣거라. 진실로 그대를 위하여 설해 주리라. 선남자 선
여인이 아뇩다라삼먁삼보리의 마음을 내려면 마땅히 다음과 같이 머
무르고 다음과 같이 그 마음을 다스려야 한다. 예 그러겠습니다. 세존
이시여. 하고 수보리는 기꺼이 듣고자 하였다. 이에 부처님께서 수보
리에게 말씀하셨다. 모든 보살마하살은 마땅히 다음과 같이 '존재하는
일체중생의 부류 곧 난생·태생·습생·화생·유색·무색·유상·
무상·비유상비무상 등을 내가 다 무여열반에 들게끔 하여 그들을 멸
도시켰다. 이와 같이 무수·무량·무변한 중생을 멸도시켰지만 실로
중생으로서 멸도를 얻은 자는 하나도 없다.'라고 그 마음을 다스려야
한다. 왜냐하면 수보리야 만약 보살에게 아상·인상·중생상·수자상
이 있으면 보살이 아니기 때문이다. 또한 수보리야, 보살은 법에 마땅
히 住하는 바 없이 보시해야 한다. 이른바 색에 住하지 않고 보시하며,
성·향·미·촉·법에 주하지 않고 보시해야 한다. 수보리야, 보살은
마땅히 이와 같이 보시하되 相에 住하지 않아야 한다."

묘행 곧 수행이 이미 성립되었으면 그에 상응하는 묘과가 성취되어야 한다. 이로써 이미 無住의 묘행으로 깨쳤으므로 다시 시방허공으로 복덕이 불가사량하다는 것을 설명한다.

이 부분이 곧 [정종분]의 셋째인 成行就果門에 해당하는데 경문으로는 "왜냐하면 만약 보살이 相에 住하지 않고 보시하면 그 복덕은 불가사량하기 때문이다. ··· 相에 住하지 않고 보시하는 복덕도 그와 또한 같이 불가사량하다. 마땅히 이와 같은 가르침에 住해야 한다." 까지이다.179)

소위 "마땅히 이와 같은 가르침에 住해야 한다."는 것은 진실로 수행이 성취되었다면 반드시 과보에 나아가야 하는데 만약 그 果에 나아가려면 나 여래의 가르침에 따라야 한다는 것을 말한다. 이것은 바로 부처님이 정녕하게 告誡하여 중생에게 勃然하게 수행하고 快然하게 勇進해야지 다시는 猶預가 없도록 하려는 까닭이다.

---

179) 이에 해당하는 경문은 다음과 같다. "왜냐하면 만약 보살이 相에 住하지 않고 보시하면 그 복덕은 불가사량하기 때문이다. 수보리야, 어떻게 생각하느냐. 동방의 허공을 가히 생각으로 헤아릴 수 있겠느냐. 그렇지 않습니다, 세존이시여. 수보리야, 남방·서방·북방·네 간방·상방·하방을 가히 생각으로 헤아릴 수 있겠느냐. 그렇지 않습니다, 세존이시여. 수보리야, 보살이 相에 住하지 않고 보시하는 복덕도 그와 또한 같이 불가사량하다. 수보리야, 보살은 마땅히 이와 같은 가르침에 住해야 한다."

上已開示悟修證門 更欲現示初後無別 於是舉問如來眞身
卽今所問底之眞身 卽前空生所悟底眞體也 今當因果圓融門
也 須菩提於意云何 可以身相見如來不 至卽見如來是也 此
盖如善財 初從文殊發心 歷城一百有十參友五十有三 其一
一友說誠實言 我已先發菩提心 云何學菩薩道 行菩薩行 彼
諸善友 各以所得法門開示 善財一一依教奉行 終於彌勒 一
彈指頃 頓忘從前所得法門 復依彌勒教 再見文殊也 但文殊
表卽理之智也 如來表卽智之理也 彼此皆發心 畢竟二不別
也 但經文豐約之不同耳 今佛只一舌頭 說五十三諸友所說
法門 空生不動一步 聞善財百十城所得法門 故知此未足數
紙之金剛 廣該三十九品之華嚴 三十九品之華嚴揔〈摠?〉在
此未足數紙之金剛 由是觀之 則今此一部 亦可謂之圓也 亦
可謂之頓也 盖空生之自己無慮乎 能見善財所見之境也 但
未知其足能履乎 善財所履之地 如上所說法門 窮玄絶妙 宏
遠淵深 苟非其人難能生信

위에서 이미 깨침과 수행과 증득의 문을 개시하였지만
다시 그 처음 곧 수행과 끝 곧 깨침에 차별이 없음을 드러
내고자 여기에서 여래의 眞身을 들어 질문하였다. 곧 여기
에서 묻고 있는 것은 眞身이고 위에서 공생이 깨친 것은
眞體이다.

이 부분이 곧 [정종분]의 넷째인 因果圓融門에 해당하는
데 경문으로는 "수보리야, 어떻게 생각하느냐. 신상으로
여래를 볼 수 있겠느냐. … 곧 여래를 볼 수가 있다" 까지
이다.180) 이것은 대개 다음과 같다.

곧 저 선재동자가 처음에 문수보살로부터 발심하여 110
성을 돌면서 53선지식을 참하여 그 낱낱의 선지식에게 성
실하게 '나는 이미 보리심을 냈습니다. 그런데 어떻게 보
살도를 배워야 하고, 어떻게 보살도를 행해야 합니까.'라
고 묻자 이에 그 모든 선지식들은 각각 그들이 얻은 법문
을 보여주니 선재동자가 그 낱낱을 가르침대로 받들어 행
하고서 마침내 미륵보살로부터 손가락을 한번 튕기는 사
이에 문득 이전에 얻은 법문을 잊고서 다시 미륵보살의 지
시에 따라 재차 문수보살을 친견하였다.

여기에서 다만 문수보살은 이치에 즉한 지혜를 나타내
고 여래는 지혜에 즉한 이치를 나타내는 것으로 피차가 모

---

180) 이에 해당하는 경문은 다음과 같다. "수보리야, 어떻게 생각하느냐.
신상으로 여래를 볼 수 있겠느냐. 아닙니다, 세존이시여. 身相으로 여
래를 볼 수는 없습니다. 왜냐하면 여래께서 설하신 身相은 곧 身相이
라 말할 수 없기 때문입니다. 부처님께서 수보리에게 말씀하셨다. 무
릇 형상이 있는 것은 다 허망한 것이다. 만약 모든 형상은 진실한 모
양이 아니라고 안다면 곧 여래를 볼 수가 있다"

두 발심이다. 그래서 필경에 그 둘은 다르지 않다. 단지 경문의 풍부함 곧 『화엄경』과 간략함 곧 『금강경』이 같지 않을 뿐이다. 여기에서 부처님은 단지 한 입으로 53명의 모든 선지식이 설한 법문을 다 설하였고 공생은 한 걸음도 옮기지 않고 선재동자가 110개의 성에서 얻은 법문을 다 들었다.

때문에 몇 장 안되는 종이의 『금강경』이 39품의 『화엄경』에 두루 해당하고 39품의 화엄경이 모두 여기 몇 장 안되는 종이의 『금강경』에 있는 줄을 알 것이다. 이로 말미암아 살펴보면 곧 이 한 책의 『금강경』을 또한 원교라할 수도 있고 또한 돈교라 할 수도 있다. 대개 공생 자신이 선재동자가 본 경계를 볼 수 있다는 생각도 하지 못했고, 공생 자신의 발이 선재동자가 밟아간 지역을 밟을 수 있다는 줄도 몰랐을 뿐이다. 위에서 설한 법문은 지극히 현묘하고 하도 절묘하며 굉장히 심원하고 깊기 때문에 진실로 선재동자와 같은 그런 사람이 아니라면 신심을 내기가 어렵다.

時衆親從佛聞 得生淨信 至於末世 去聖時遙 加以根微志劣 於此最上頓宗 慮無生信之者 空生自知法無今後 世不乏人 爲決衆疑 而發問云 頗有衆生 得聞如是言說章句生實信否 佛勅云 莫作是說 乃言曰 如來滅後後五百歲 有持戒修福

者 於此章句 能生信心 以此爲實 當知是人 不於一佛二佛三
四五佛 而種善根 已於無量千萬佛所 種諸善根 又云是諸衆
生 得如是無量福德 又云何以故 是諸衆生 無復我相人相衆
生相壽者 又云是諸衆生 得如是無量福德 又云何以故 是諸
衆生 無復我相人相衆生相壽者相 無法相亦無非法相 乃至
云 法尙應捨 何況非法 意謂後五百歲 濁惡亂時 其有衆生
多是慳疾妬 不持淨戒 亦不修福 於此時中 持戒修福者 甚爲
希有 其有持戒修福者 已於過去承事諸佛 種諸善根 如是衆
生 聞我此法 必能生信 以爲實然也 是諸衆生 已信此法 深
達無我之理 故亦能忘其信心 而所忘亦忘 更無有我人等相
也 以旣能持戒修福 又能信此法 信心頓忘 而所忘亦忘 更無
有我人等相 故必得如是無量福德也 是諸衆生 雖能信此法
若未能忘其信心而法相猶存 則是則有我人等相也 豈許當得
無量福德也 須知我所說法 只爲入道方便 入已 捨其方便 亦
能忘其捨心夫然後 許伊當得無量福德也 今當法通未來門也
頗有衆生 至何況非法是也此 中亦具悟修證門 所謂於此章
句 能生信心 悟也 持戒修福 乃至無我人等相 修也 得如是
無量福德證也

　지금 설법회상에 있는 대중은 친히 부처님으로부터 법
문을 듣고 있기 때문에 淨信을 낼 수 있지만 말세에 이르
러 부처님이 입멸한 지 아득한 때에는 근기가 미약하고 의

지가 하열하여 『금강경』과 같은 최상의 돈종에 대하여 淨信을 내는 자가 없을 것이 염려된다. 그래서 공생은 스스로가 법에는 今後가 없고 세상에는 사람이 남아 있는 줄을 알고 있기에 대중의 의심을 풀어주기 위하여 "세존이시여, 많은 중생이 이와 같은 언설장구를 듣고 진실한 믿음을 내겠습니까."라고 질문을 한다.

그러자 부처님이 말씀하셨다.

"그렇게 말하지 말라. 여래가 멸한 후 후오백세에도 계를 지니고 복을 닦는 어떤 사람이 이 章句에서 신심을 내는데 그것은 진실한 것이다. 마땅히 알아라. 이 사람은 한 부처님 두 부처님 셋 넷 다섯 부처님께만 선근을 심은 것이 아니라 이미 무량한 천만억 부처님 처소에서 모든 선근을 심었다."

또 부처님은 말씀하셨다.

"모든 중생이 이와 같이 무량한 복덕 얻는 것을 다 알고 다 본다."

또 부처님은 말씀하셨다.

"왜냐하면 이러한 모든 중생은 다시는 아상·인상·중생상·수자상이 없으며, 법상도 없고 또한 비법상도 없다. … 법마저 버려야 하거늘 하물며 법 아닌 것이겠는가."

이것을 뜻으로 말하면 다음과 같다.

[곧 후오백세는 오탁악세의 혼란한 시대이므로 그 때의 중

생은 대부분이 간탐과 질투가 있어 청정한 계를 지키지 않고 또한 복도 닦지 않는다. 그래서 그 시대에는 계를 지키는 자와 복을 닦는 자가 대단히 드물다. 그러나 계를 지키고 복을 닦는 자가 있다면 그는 이미 과거에 제불을 받들어 모시고 갖가지 선근을 심었기 때문이다. 바로 이와 같은 계를 지키고 복을 닦는 중생이 이『금강경의』법문을 들으면 반드시 淨信을 낼 터인데 이것은 사실이다. 그들 모든 중생은 이『금강경』의 법문에 대한 信을 내어 깊이 무아의 도리를 통달하였다. 때문에 그 信心마저도 잊고 다시 신심을 잊었다는 것까지도 잊어 다시는 아상·인상·중생상·수자상 등이 없다. 이미 계를 지키고 복을 닦고서 이『금강경』의 법문을 信하고 그 信心도 문득 잊고 신심을 잊었다는 것까지도 잊어 다시는 아상·인상·중생상·수자상 등이 없다. 때문에 반드시 이와 같은 무량한 복덕을 얻는다. 그들 모든 중생이 비록 이『금강경』의 법문을 信한다 하더라도 만약 그 信心을 잊지 못하여 法相이 남아 있으면 곧 아상·인상·중생상·수자상 등이 있는 것이므로 어찌 무량한 복덕을 얻을 수 있겠는가. 그러므로 모름지기 나 여래가 설한 법문은 깨침에 들어가는 방편일 뿐이지 이미 깨침에 들어가서는 그 방편마저도 버리고 또한 그 방편을 버렸다는 마음까지도 잊어야만 비로소 그 연후에 무량한 복덕을 얻을 수 있는 것임을 알아야 한다.]

이 부분이 곧 [정종분]의 다섯째인 法通未來門에 해당하는데 경문으로는 "많은 중생이 … 하물며 법 아닌 것이겠는가."라는 대목까지이다.[181] 이 부분에도 역시 깨침과 수행과 증득의 문이 있다. 소위 "이와 같은 언설장구를 듣고 진실한 믿음을 내겠습니까." 하는 것은 깨침에 해당하고, "계를 지키고 복을 닦는 … 아상·인상·중생상·수자상

---

181) 이에 해당하는 경문은 다음과 같다. "수보리야, 어떻게 생각하느냐. 신상으로 여래를 볼 수 있겠느냐. 아닙니다, 세존이시여. 身相으로 여래를 볼 수는 없습니다. 왜냐하면 여래께서 설하신 身相은 곧 身相이라 말할 수 없기 때문입니다. 부처님께서 수보리에게 말씀하셨다. 무릇 형상이 있는 것은 다 허망한 것이다. 만약 모든 형상은 진실한 모양이 아니라고 안다면 곧 여래를 볼 수가 있다. 수보리가 부처님께 여쭈었다. 세존이시여, 많은 중생이 이와 같은 언설장구를 듣고 진실한 믿음을 내겠습니까." 부처님께서 수보리에게 말씀하셨다. 그렇게 말하지 말라. 여래가 멸한 후 후오백세에도 계를 지니고 복을 닦는 어떤 사람이 이 章句에서 신심을 내는데 그것은 진실한 것이다. 마땅히 알아라. 이 사람은 한 부처님 두 부처님 셋 넷 다섯 부처님께만 선근을 심은 것이 아니라 이미 무량한 천·만·억 부처님 처소에서 모든 선근을 심었기 때문에 이 章句를 내지 一念만이라도 들으면 곧 청정한 믿음을 낸다. 수보리야, 여래는 이러한 모든 중생이 이와 같이 무량한 복덕 얻는 것을 다 알고 다 본다. 왜냐하면 이러한 모든 중생은 다시는 아상·인상·중생상·수자상이 없으며, 법상도 없고 또한 비법상도 없다. 왜냐하면 이러한 모든 중생이 만약 마음에 상을 취하면 곧 아·인·중생·수자에 집착하는 것이 되며, 만약 마음에 법상을 취해도 곧 아·인·중생·수자에 집착하는 것이 된다. 왜냐하면 만약 마음에 비법상만 취해도 곧 아·인·중생·수자에 집착하는 것이 되기 때문이다. 이런 까닭에 마땅히 법도 취하지 말고 비법도 취하지 말아야 한다. 이런 뜻으로 인하여 여래는 항상 그대 비구들에게 '내 설법은 뗏목의 비유와 같은 줄 알아야 한다. 법마저 버려야 하거늘 하물며 법 아닌 것이겠는가'라고 설한다."

이 없으며" 하는 것은 수행에 해당하며, "이와 같은 무량한 복덕을 얻는다."는 것은 증득에 해당한다.

前已開示悟修證門 次開示因果圓融門 次又開示法通未來
且欲拂其得之之迹 說之之痕 以明無法可得 無法可說 於是
特擧問云 如來得菩提耶 如來有所說法耶 空生已知如來本
無所得 其所說法 從本無爲 而有差別 而此差別 卽是無爲
亦不可取說 而白佛言 如我解佛所說 義無爲〈有?〉定法名阿
耨菩提 亦無有定法可說 乃至云 一切賢聖 皆以無爲法 而有
差別 今當依理拂迹門也 如來得阿耨多羅三藐三菩提耶 至
而有差別是也

위에서 이미 깨침과 수행과 증득의 문을 개시하였고, 다음으로 因果圓融門을 개시하였으며, 다음으로 다시 法通未來門을 개시하였다. 이제 이 부분에서는 여래가 얻었다는 흔적과 설했다는 흔적을 불식시키는 것에 대하여 얻은 법이 없고 설할 법이 없음을 설명하려고 한다. 때문에 특별히 여래가 공생에게 "여래가 아뇩다라삼먁삼보리를 얻었느냐, 여래가 설한 법이 있느냐."라는 질문을 한다.
그런데 공생은 이미 여래는 본래 얻은 바도 없고 설한 바도 없어 본래 무위법으로 차별을 삼아 그 차별이 곧 무위이므로 취할 것도 없다는 것을 알고 있다. 그래서 부처님께 "제가 알기로는 부처님께서 설하신 뜻은 일정한 법이 없는 것을 아뇩다라삼먁삼보리라 합니다. 또한 일정한 법이 없는 것을 여래께서 설하셨습니다. … 일체 현성이 다 무위법으로써 차별을 삼기 때문입니다."라고 여쭈었다.

이 부분이 곧 [정종분]의 여섯째인 依理拂迹門에 해당하는데 경문으로는 "여래가 아뇩다라삼먁삼보리를 얻었느냐. … 차별을 삼기 때문입니다." 까지이다.[182]

上已拂迹 令不着相 又恐隨言起執妄癈斯教 於是現經殊勝 勸令持說 向下又明佛之與法 皆從經出 以現經勝之所以 次明佛非佛法非法 以至聲聞無取 菩薩無得 以現佛法僧三一一無相 又擧大身之喻 以喻〈明?〉此經體量廣大 能出生佛法 又說非身喻 明此經喻 明此經 亦皆無相也 次擧沙數之喻 更現經勝 仍明佛法僧 會歸一經也 終則安名 勸持令持無相經也 今當現勝勸持門也 須菩提於意云何 若人滿三千大千世界七寶 而用布施 至卽非般若波羅蜜是也

---

182) 이에 해당하는 경문은 다음과 같다. "수보리야, 어떻게 생각하느냐. 여래가 아뇩다라삼먁삼보리를 얻었느냐. 여래가 설한 법이 있느냐. 수보리가 대답했다. 제가 알기로는 부처님께서 설하신 뜻은 일정한 법이 없는 것을 아뇩다라삼먁삼보리라 합니다. 또한 일정한 법이 없는 것을 여래께서 설하셨습니다. 왜냐하면 여래께서 설하신 법은 모두 취할 수도 없고 설할 수도 없는 것으로 법도 아니고 비법도 아닙니다. 왜냐하면 일체 현성이 다 무위법으로써 차별을 삼기 때문입니다."

위에서 이미 拂迹門에서 相에 집착하지 못하게 하였고 또한 글을 따라서 일으키는 집착과 망상으로 이『금강경』의 가르침을 폐퇴시킬 것을 염려한 까닭에『금강경』의 뛰어난 것을 드러내어 설법의 수지를 권장하였다. 그러므로 이하에서는 다시 부처님과 법이 모두 이『금강경』에서 나왔기에『금강경』이 뛰어난 이유를 드러내고, 이어서 부처님도 부처님이 아니고 법도 법이 아니며, 성문이 취할 바가 아니고 보살이 얻을 바가 아님을 설명하여 불·법·승의 셋이 낱낱이 無相임을 드러냈다.

또한 大身의 비유를 들어 그것으로 경전의 體와 量이 광대하여 불법을 출생한다는 것을 설명하였다. 또한 非身의 비유를 설명하여 이『금강경』의 비유를 비유하고 또한 이『금강경』도 모두 無相임을 설명하였다. 다음으로 모래알 숫자의 비유를 들어 다시『금강경』이 뛰어남을 드러내고, 이에 불·법·승이 모두 이『금강경』의 한 경전으로 귀일된다는 것을 설명하였다. 마지막에서는 이 경전의 명칭을 붙이고 수지할 것을 권장하여 無相한 경전으로 수지케 하였다.

이 부분이 곧 [정종분]의 일곱째인 現勝勸持門에 해당하는데 경문으로는 "수보리야, 어떻게 생각하느냐. 만약 어떤 사람이 삼천대천세계를 칠보로 가득 채워 그것으로 보

시한다면 … 곧 반야바라밀이 아니므로 반야바라밀이라
이름한다."라는 대목까지이다.[183]

---

183) 이에 해당하는 경문은 다음과 같다. "수보리야, 어떻게 생각하느냐.
만약 어떤 사람이 삼천대천세계를 칠보로 가득 채워 그것으로 보시한
다면 이 사람이 얻은 복덕이 얼마나 많겠느냐. 수보리가 대답하였다.
대단히 많습니다. 세존이시여, 왜냐하면 그 복덕은 복덕의 성품이 아
니기 때문에 여래께서는 복덕이 많다고 설하셨습니다. 만약에 또한
어떤 사람이 이 경전을 수지하거나 그 가운데 사구게 하나라도 남을
위하여 설해준다면 그 복덕이 (어떤 사람이 삼천대천세계를 칠보로
가득 채워 그것으로 보시하여 얻은) 복덕보다 많을 것이다. 왜냐하면
수보리야, 일체제불과 제불의 아뇩다라삼먁삼보리법도 다 이 경전에
서 나왔기 때문이다. 수보리야, 이른바 불법이라는 것은 불법이 아니
다. 수보리야, 어떻게 생각하느냐. 수다원이 '나는 수다원의 과를 얻
었다'라고 생각하겠느냐. 수보리가 대답했다. 아닙니다. 세존이시여,
왜냐하면 수다원은 이름이 入流이지만 들어간 바가 없기 때문입니
다. 색·성·향·미·촉·법에 들지 않는 이것을 수다원이라 이름합니
다. 수보리야, 어떻게 생각하느냐. 사다함이 '나는 사다함의 과를 얻
었다'라고 생각하겠느냐. 수보리가 대답했다. 아닙니다. 세존이시여,
왜냐하면 사다함은 이름이 一往來이지만 실로 왕래한 바가 없기 때문
입니다. 이것을 수다원이라 이름합니다. 수보리야, 어떻게 생각하느
냐. 아나함이 '나는 아나함의 과를 얻었다'라고 생각하겠느냐. 수보리
가 대답했다. 아닙니다. 세존이시여, 왜냐하면 아나함은 이름이 不來
이지만 실로 不來라는 것은 없기 때문입니다. 이것을 아나함이라 이
름합니다. 수보리야, 어떻게 생각하느냐. 아라한이 '나는 아라한의 도
를 얻었다'라고 생각하겠느냐. 수보리가 대답했다. 아닙니다. 세존이
시여, 왜냐하면 실로 법에 아라한이라 이름할 수 있는 것은 없기 때
문입니다. 세존이시여, 만약 아라한이 '나는 아라한의 도를 얻었다'
고 생각한다면 아·인·중생·수자에 집착하는 것이 됩니다. 세존이
시여, 부처님께서는 저를 '무쟁삼매를 얻은 사람 가운데 최고 제일이
다. 이는 제일의 離欲阿羅漢이다'라고 설하시더라도 저는 '나는 離欲
阿羅漢이다'라는 생각을 하지 않습니다. 세존이시여, 제가 만약 '나는
아라한의 도를 얻었다'라고 생각한다면 세존께서는 곧 '수보리는 아란

나 수행을 누리는 자이다. 수보리는 실로 행한 바가 없기 때문에 이 수보리는 아란나 수행을 누리는 자이다'라고 설하지 않으셨을 것입니다. 부처님께서 수보리에게 말씀하셨다. 어떻게 생각하느냐. 여래는 옛적에 연등불 처소에 있으면서 법을 얻은 것이 있겠느냐. 아닙니다. 세존이시여, 여래께서는 연등불 처소에서 법을 실로 얻은 바가 없습니다. 수보리야, 어떻게 생각하느냐. 보살이 불토를 장엄했느냐. 아닙니다. 세존이시여, 왜냐하면 불토를 장엄한다는 것은 곧 장엄한 것이 아니기 때문입니다. 이것을 바로 장엄한다고 말하는 것입니다. 그러므로 수보리야, 모든 보살마하살은 마땅히 이와 같이 청정심을 내며, 마땅히 색에 住하여 마음을 내어서는 안되고, 마땅히 성·향·미·촉·법에 住하여 마음을 내어서는 안된다. 마땅히 住함이 없이 마음을 내어야 한다. 수보리야, 비유하자면 어떤 사람의 몸이 수미산왕 같다고 하자. 어떻게 생각하느냐. 그 몸을 크다고 하겠느냐. 수보리가 대답하였다. 대단히 큽니다. 세존이시여, 왜냐하면 부처님께서는 몸이 아니라고 설하시는데 그것을 곧 큰 몸이라 이름합니다. 수보리야, 저 항하 속의 모래알 숫자만큼의 항하가 있다면 어떻게 생각하느냐. 이 모든 항하에 있는 모래알의 숫자는 얼마나 많겠느냐. 수보리가 대답하였다. 대단히 많습니다. 세존이시여, 단지 항하만 하더라도 무척 많은데 하물며 그 모래알 수이겠습니까. 수보리야, 나는 지금 진실된 말로 그대에게 말하는 것이다. 만약 어떤 선남자 선여인이 칠보를 가지고 그 모든 항하의 모래알 숫자만큼의 삼천대천세계를 채워서 그것으로 보시한다면 얻은 복덕이 많겠느냐. 수보리가 대답하였다. 대단히 많습니다. 세존이시여. 부처님께서 수보리에게 말씀하셨다. 만약 선남자 선여인이 이 경전 속에서 내지 사구게 등을 수지하여 남을 위하여 연설해 준다면 그 복덕은 앞의 그 복덕보다 뛰어나다. 또한 수보리야. 따라서 이 경전의 내지 사구게 등을 설한다면 마땅히 알아야 한다. 바로 그 곳은 일체세간의 천·인·아수라 등이 모두 응당 공양하기를 불탑과 같이 할 것임을. 하물며 어떤 사람이 빠짐없이 수지하고 독송한다면야. 수보리야. 마땅히 알아야 한다. 그 사람은 최상의 제일 희유한 법을 성취한다는 것을. 또한 만약 이 경전이 있는 곳이라면 그곳은 바로 부처님 혹은 존중하는 제자가 있는 곳임을. 그때 수보리가 부처님께 여쭈었다. 세존이시여, 마땅히 이 경전을 무엇이라 이름해야 합니까. 그리고 저희들은 어떻게 받들어 지녀야 합니까.

上已勸持令人生信 此又更示無法可說 喻以塵界無實 今當
還示拂迹門也 如來有所說法不 至是名世界是也

위에서 이미 수지하기를 권장하여 사람들로 하여금 信을
내게끔 하였다. 여기에서 또 다시 설할 법이 없음을 개시하
는데 있어 미진과 세계에 實이 없다는 것으로 비유하였다.

이 부분이 곧 [정종분]의 여덟째인 還示拂迹門에 해당하
는데 경문으로는 "여래가 설하신 법이 있느냐. … 이것을
세계라고 말하는 것이다."는 대목까지이다.[184)]

從初敷座 極至於此 次第以悟修等八門開示 以極夫宣化之
體栽 此所謂次第開示 究其始終也 爲上根開示之經 於是焉窮

부처님께서 수보리에게 말하였다. 이 경전을 금강반야바라밀경이라
명칭하여라. 그리고 그 이름으로 그대들은 마땅히 받들어 지녀라. 왜
냐하면 수보리야, 부처님이 설하는 반야바라밀은 곧 반야바라밀이 아
니므로 반야바라밀이라 말하는 것이다."
184) 이에 해당하는 경문은 다음과 같다. "수보리야, 어떻게 생각하느냐.
여래가 설하신 법이 있느냐. 수보리가 부처님께 대답하였다. 세존이
시여, 여래께서는 설하신 것이 없습니다. 수보리야, 어떻게 생각하느
냐. 삼천대천세계에 있는 미세한 티끌이 많다고 생각하느냐. 수보리
가 부처님께 대답하였다. 대단히 많습니다. 세존이시여. 수보리야, 모
든 미세한 티끌을 여래는 미세한 티끌이 아니라고 설하는데 이것을
미세한 티끌이라 말하는 것이다. 그리고 여래는 세계를 세계가 아니
라고 설하는데 이것을 세계라고 말하는 것이다." 32분과와 비교하면
제13 여법수지분의 중간까지에 해당한다.

처음 자리를 펴는 부분부터 마침내 여기부분까지 이르러 차례로 깨침과 수행과 증득 등 8문을 개시하여 널리 교화하는 體栽를 다하였다. 이것이 소위 Ⅱ. 次第開示(上根機)로서 그 시종을 궁구한 것이다. 상근기를 위하여 개시한 경문은 여기에서 마친다.

Ⅲ.-1. 累累說法(중근기)

問何謂累累而說 曰所謂累累而說者如上所說法門 各爲三
根開示故也 何則 從初着衣持鉢 至是名世界 爲上根開示也
可以三十二相見如來不 至卽非凡夫 爲中根開示也 可以三
十二相觀如來不 至應作如是觀 爲下根開示也 爲中下根開
示 經中所說法式 例多如上 亦各具悟修證門 乃至拂迹勸持
等門也 此所謂累累而說 齊被三根也

묻는다 : 누누이 설법한다[累累說法]는 것은 무엇입니까.
답한다 : 소위 누누이 설법한다는 것은 저 위에서 설한
법문이 각각 세 근기를 위하여 개시했기 때문이다. 왜냐하면
처음의 "가사를 수하고 발우를[着衣持鉢]"의 부분부터 "세
계라 이름한다.[是名世界]" 까지는 상근기를 위하여 개시
한 것이고, "가히 32상을 통해서 여래를 볼 수 있겠느냐.
[可以三十二相見如來不]"는 부분부터 "곧 범부가 아니다.
[卽非凡夫]" 까지는 중근기를 위하여 개시한 부분이며, "가
히 32상을 통해서 여래를 볼 수가 있겠느냐.[可以三十二相
觀如來不]"는 부분부터 "마땅히 이와 같이 관찰해야 한다.
[應作如是觀]"는 부분까지는 하근기를 위하여 개시한 것이
기 때문이다.
　중·하근기를 위하여 개시한 경전에서 설법한 방식은

대충 위와 같아서 그 속에는 각각 깨침과 수행과 증득의 문 내지 집착하지 말 것[拂迹門]과 집착이 없는 수행을 권장하는 것[勸持門] 등을 구비하고 있다.[185]

 이것이 소위 누누이 설법한다는 것으로 세 근기를 상대로 골고루 베풀어준 것이다.

 問上根開示 經中所說法式 已聞命矣 如中下根開示 經中何處 爲悟修證門 何處爲因果圓融門 何處爲法通未來門 何處爲拂迹 · 勸持門等耶 又中根開示之經 何自而知焉 下根開示之經 又何自而知焉 曰上智不言而信故 經初發心 以作用黙然開示 中下因言方信故 此及下經 假言開示 以發信也 此則可以三十二相見如來不 至是名三十二相是也 下經則可以三十二相觀如來不等是也 次觀經殊勝助發心也 所言經之一字 遠該上來所說 近指見如來不等文也 須菩提若有善男子善女人 以恒河沙等身命布施 至其福甚多是也

---

185) 여기에서 깨침과 수행과 증득의 문은 각각 [정종분]의 8문 가운데 셋째 成行就果門과 둘째 依悟起修門과 넷째 因果圓融門이고, 拂迹과 勸持는 각각 여섯째 依理拂迹門과 일곱째 現勝勸持門이다. 특별히 [정종분]의 첫째인 依理起信門(亦名開示悟入門)은 信이 세 근기 전체에 통하기 때문에 따로 언급하지 않았고, [정종분]의 다섯째 法通未來門은 하근기에 해당되지 않기 때문에 생략했으며, [정종분]의 여덟째 還示拂迹門은 중근기에 해당되지 않기 때문에 생략한 것이다. 또한 중근기의 경우 [정종분]의 다섯째와 여섯째의 순서가 바뀌어 있다. 이에 대해서는 이하 본문의 내용을 참조.

묻는다 : 상근기를 위하여 개시한 것으로 경문에서 설법한 방식에 대해서는 이미 들어보았습니다. 그러면 저 중·하근기를 위하여 개시한 것은 경문에서 어느 곳이 깨침과 수행과 증득에 해당하고, 어디가 인과융통문에 해당하며, 어디가 법통미래문에 해당하고, 어디가 依理拂迹門이며, 現勝勸持門 등에 해당합니까. 또한 중근기를 위하여 개시한 경문은 그 시작부분이 어디부터인 줄 알겠으며, 하근기를 위하여 개시한 경문은 그 시작부분이 어디부터인 줄 알겠습니까.

답한다 : 상근기의 지혜로운 자는 말하지 않아도 信하기 때문에 경문의 첫머리에서 발심한 것으로써 작용을 삼아 묵연히 개시한다. 그러나 중·하근기는 언설을 통해서 비로소 信하기 때문에 '여기 부분'186)과 '이하 경문'187)에서 언설의 개시를 빌려 信을 내도록 한다.

'여기 부분'은 "가히 32상을 통해서 여래를 볼 수 있겠느냐."는 부분부터 "그것을 32상이라 이름한다."는 부분까지이고, '이하 경문'은 "가히 32상을 통해서 여래를 볼 수 있겠느냐.[可以三十二相見如來不]"는 이하의 부분을 가리킨다.

---

186) 제13 [여법수지분]의 중간 부분부터 제25 [화무소화분]의 부분까지로서 중근기를 위한 법문에 해당한다.
187) 제26 [법신비상분]의 부분부터 제32 [응화비진분의] 應作如是觀의 대목까지로서 하근기를 위한 법문에 해당한다.

다음으로 경전의 뛰어난 점을 관찰하여 발심을 돕는다.

말한 바 '경전[經]'이라는 한 글자는 멀리는 위에서 지금까지 설한 바에 두루 해당하고 가까이는 여래를 볼 수 있겠느냐[見如來不] 등의 경문이 이에 해당되는데, 곧 "수보리야, 만약 어떤 선남자 선여인이 항하의 모래알 숫자만큼의 신명을 바쳐 보시하는 것과"라는 부분부터 "이 복이 훨씬 많을 것이다."는 부분까지이다.[188]

空生前已上根示悟故　一見佛坐直讚希有　此以中根示悟故
感發悲心然後讚佛希有　此以中根示悟門也　爾時須菩提　聞
說是經　深解意趣　至未曾得聞如是之經是也　次顯苟能生信
證果無疑　次明今易後難　以讚末世生信者　定能成佛　次佛印
空生所讚　次明此法之所以難信　以顯能信者之所以希有也
世尊　若復有人得聞是經　信心淸淨　至是名第一波羅蜜是也
已上皆屬起信門也

공생이 위에서 이미 상근기에 대하여 깨침을 개시하려고 부처님께서 一坐하는 모습을 보고 바로 "희유하십니다."라고 찬탄하였다. 여기에서는 중근기를 위하여 깨침을

---

188) 이에 해당하는 경문은 다음과 같다. "수보리야, 만약 어떤 선남자 선여인이 항하의 모래알 숫자만큼의 신명을 바쳐 보시하는 것과 또한 이 경전속에서 내지 사구게 등을 수지하여 남에게 연설해 준다면 이 복이 훨씬 많을 것이다."

개시하려고 悲心을 감격스럽게 발한 연후에 부처님의 희유하심을 찬탄하였다. 이것이 곧 중근기에게 깨침을 개시한 문으로 "그때 수보리가 이 경전 설하는 것을 듣고 깊이 그 뜻[義趣]을 알아차리고는 … 아직껏 이 경전을 들어본 적이 없습니다."라는 부분까지이다.[189)]

그리고 다음으로 진실로 신심을 내면 깨침을 증득하는 것에 장애가 없음을 드러내고, 다음으로 지금은 쉽지만 미래에는 어려울 것이지만 말세중생으로서 信하는 자는 반드시 성불하리라는 것을 찬탄하며, 다음으로 부처님께서 공생이 찬탄한 것을 인가하고, 다음으로 이 법문이 信하기 어려운 이유를 설명하여 能信者가 희유한 까닭을 드러낸다.

이 부분이 곧 [정종분]의 첫째인 依理起信門에 해당하는데 경문으로는 "세존이시여, 만약 어떤 사람이 이 경전을 듣고 신심이 청정해지면 … 제일바라밀이라 말하는 것이다."는 부분까지이다.[190)] 이상은 모두 信을 일으키는 문에 속한다.

---

189) 이에 해당하는 경문은 다음과 같다. "그때 수보리가 이 경전 설하는 것을 듣고 깊이 그 뜻[義趣]을 알아차리고는 눈물을 흘리면서 슬피 울었다. 그리고 부처님께 여쭈었다. 드문 일입니다. 세존이시여, 부처님께서 이와 같이 대단히 심오한 경전을 설하신 것은 제가 예적에 얻은 혜안으로도 아직껏 이 경전을 들어본 적이 없습니다."

190) 이에 해당하는 경문은 다음과 같다. "세존이시여, 만약 어떤 사람이 이 경전을 듣고 신심이 청정해지면 곧 실상을 낸다면 마땅히 그 사람은 제일 희유한 공덕을 성취한 사람임을 알겠습니다. 이 실상이란 곧

已上發信 此下勸修 今明超忍無相 勸令離相修行也 須菩
提忍辱波羅蜜 至應如是布施是也 次明法本無生無法可住
生本寂滅 無生可度 次明眞實以示?寧之意 如來說一切諸相
卽是非相 至不異語者是也 次明法本無實 不應住於有 法本
無虛 不應住於無 須菩提 如來所得法 此法無實無虛是也 次
正勸無住 以明住法而昏 昏無所見 無住而明 明無不照 須菩
提 若菩薩心住於法 而行布施至日光明照見種種色是也

이상 信을 내었으므로 이하에서는 수행을 권장한다. 여
기 부분에서는 인욕에 相이 없음을 설명하여 相을 여읜 수
행을 권장한다. 경문으로는 "수보리야, 여래는 인욕바라밀
을 … 이와 같이 보시해야 한다."는 부분까지이다.[191]

상이 아니기 때문에 여래께서 설하여 실상이라 말하신 것입니다. 세
존이시여, 제가 지금 이와 같은 경전을 듣고 신해하고 수지하는 것은
어렵지 않을 것입니다. 그러나 만약 당래세 후오백세에 어떤 중생이
이 경전을 듣고 신해하며 수지할 수 있다면 그 사람은 곧 제일 희유
한 사람일 것입니다. 왜냐하면 그 사람은 아상이 없고 인상이 없고
중생상이 없고 수자상이 없기 때문입니다. 그 까닭은 아상은 곧 상이
아니고, 인상ㆍ중생상ㆍ수자상도 곧 상이 아니기 때문입니다. 왜냐하
면 일체 모든 상을 여의면 곧 제불이라 말하기 때문입니다. 부처님께
서 수보리에게 말하였다. 그와 같다. 바로 그와 같다. 만약 어떤 사람
이 이 경전을 듣고도 놀라지 않고 공포에 떨지 않고 두려워하지 않는
다면 그 사람은 대단히 희유한 사람임을 마땅히 알아야 한다. 왜냐하
면 수보리야, 여래가 설하는 제일바라밀은 곧 제일바라밀이 아니므로
제일바라밀이라 말하는 것이다."
191) 이에 해당하는 경문은 다음과 같다. "수보리야, 여래는 인욕바라밀을
인욕바라밀이 아니라고 설하는데 이것을 인욕바라밀이라 이름한다.

다음에는 법은 본래 無生으로서 住해야 할 법이 없고,
중생은 적멸하여 제도할 중생이 없음을 설명한다.

다음에는 법이 진실함을 설명하여 정녕한 뜻을 개시하
는데, "여래가 설하는 일체제상은 곧 상이 아니며 … 不異
語를 말하는 자이다."는 부분까지이다.[192]

다음에는 법에 본래 실체가 없으므로 마땅히 有에 住해서
는 안되고, 법은 본래 허망하므로 마땅히 無에도 住해서는
안된다는 것을 설명하는데, "수보리야, 여래가 얻은 법 그

왜냐하면 수보리야, 내가 옛적에 가리왕에게 신체를 잘리웠던 적이
있었는데 그때 내게는 아상이 없었고 인상이 없었으며 중생상이 없
었고 수자상이 없었다. 왜냐하면 내가 옛적에 갈가리 사지가 잘렸을
때 만약 아상·인상·중생상·수자상이 있었다면 마땅히 瞋恨을 냈
을 것이다. 수보리야, 또 생각해 보면 과거 오백의 세상에서 인욕선
인으로 있으면서 그 오백의 세상에서 아상이 없었고 인상이 없었고
중생상이 없었고 수자상이 없었다. 그런 까닭에 수보리야, 보살은 마
땅히 일체상을 여의고 아뇩다라삼먁삼보리의 마음을 내어야 한다. 마
땅히 색에 住함이 없이 마음을 내어야 하고, 마땅히 성·향·촉·법
에 住함이 없이 마음을 내어야 하며, 마땅히 住함이 없이 마음을 내
어야 한다. 만약 마음에 住함이 있다면 곧 그것은 住가 아니다. 이런
까닭에 부처님이 보살은 마음을 마땅히 색에 住함이 없이 보시하라
고 한다. 수보리야, 보살은 일체중생의 이익을 위하여 마땅히 이와
같이 보시해야 한다."
192) 이에 해당하는 경문은 다음과 같다. "여래가 설하는 일체제상은 곧
상이 아니며, 또한 일체중생은 곧 중생이 아니라고 설하신다. 수보리
야, 보살은 일체중생의 이익을 위하여 마땅히 이와 같이 보시해야 한
다. 여래가 설하는 일체제상은 곧 상이 아니며, 또한 일체중생은 곧
중생이 아니라고 설하신다. 수보리야, 여래는 眞을 말하는 자이고 實
을 말하는 자이며 如를 말하는 자이고 不誑을 말하는 자이며 不異語
를 말하는 자이다."

법은 實도 아니고 虛도 아니다."는 부분이 이에 해당한다.
　다음에는 집착[住]해서는 안된다는 것을 직접적으로 권장하는 것이다. 법에 집착하면[住] 어둡고 어두우면 볼 수가 없고 법에 집착[住]이 없으면 밝고 밝으면 비추지 못한 곳이 없다는 것을 설명한다. 곧 "수보리야, 만약 보살이 마음을 법에 집착하여[住] 보시를 행한다면 ⋯ 햇빛이 밝게 비추면 갖가지 색을 볼 수 있는 것과 같다."는 부분까지이다.193)

　已上皆現　修行降心也　次詳明如說修行　則定能趣果也　須菩提　若有善男子善女人　能於此經　受持讀誦　至果報亦不可思議是也　中間經有九箇　而遠該上來所說　近指離相修行等文　所謂成就無量無邊功德　所謂悟擔如來阿耨菩提等　皆明定能趣果也　所以如是開示者　意在令人慕果修因也　故知此中讚經諸文　皆屬修行降心也　盖異於上現勝勸持門也　彼則恐人因聞拂迹　無心奉教故　勸令持說　此則因上修行降心之經現勝勸持　令如說修行也　盖語同而趣異也　上明修行降心此明安住降心　夫修行降心前已說也　安住降心前未說也　故

───────────────

193) 이에 해당하는 경문은 다음과 같다. "수보리야, 만약 보살이 마음을 법에 住하여 보시를 행한다면 그것은 마치 어떤 사람이 어둠속에 들어가면 곧 볼 수가 없는 것과 같고, 만약 보살이 마음을 법에 住함이 없이 보시를 행한다면 마치 어떤 사람이 눈을 가지고 있어서 햇빛이 밝게 비추면 갖가지 색을 볼 수 있는 것과 같다."

於此問答發明也 爾時須菩提白佛言 世尊 善男子善女人 發
阿耨多羅三藐三菩提心 至實無有法發阿耨多羅三藐三菩提
心者是也 次明佛無得法非法身非身 以顯佛法道三 皆空而
無我 乃言曰 菩薩亦如是 若作是言 我當滅度無量衆生 卽不
名菩薩 乃至云 通達無我法者 如來說名眞是菩薩 深明無我
之義 須菩提於意云何 如來於然燈所 有法得阿耨多羅三藐
三菩提不 知如來說名眞是菩薩是也 次欲令衆生 遠離顚倒
知見 契乎無住大道 於是歷擧五眼 以明沙界衆生染淨善惡
差別心行 如來眼前 不可得而掩也 須菩提於意云何 如來有
肉眼不 至未來心不可得是也 已上皆當依悟起修門也

　이상은 모두 수행하여 마음을 다스리는 것을 드러낸 것
이다.
　다음에는 설법대로 수행하면 반드시 깨침에 나아간다는
것을 자세하게 설명한다. 곧 "수보리야, 당래세에 만약 어떤
선남자 선여인이 이 경전을 수지하고 독송할 수 있다면 …
그 과보도 또한 불가사의하다는 것." 까지이다.[194] 이에

---

194) 이에 해당하는 경문은 다음과 같다. "수보리야, 당래세에 만약 어떤
　　선남자 선여인이 이 경전을 수지하고 독송할 수 있다면 곧 여래로부
　　터 불지혜로 그 사람을 다 보고 그 사람을 다 보아 모두 무량하고
　　무변한 공덕을 성취시키는 은혜를 입게 된다. 수보리야, 만약 어떤
　　선남자 선여인이 初日分에 항사와 같은 신명으로 보시하고, 中日分에
　　도 또한 항사와 같은 신명으로 보시하며, 後日分에도 역시 항사와 같
　　은 신명으로 보시하는데 이와 같이 무량·백·천·만·억의 겁 동안

해당하는 중간에 아홉 부분이 있는데 멀리는 위에서 설법
한 바가 모두 해당되고, 가까이는 相을 여의는 수행[離相

신명으로 보시한다면, 그리고 또한 만약 다시 어떤 사람이 이 경전을
듣고 신심으로 거스르지 않는다면 이 복이 앞의 복보다 뛰어날 것이
다. 하물며 수지하고 서사하며 남을 위하여 해설해 주는 것이랴. 수
보리야, 요약해서 말하자면 이 경전에는 불가사의 불가칭량한 가없는
공덕이 있다. 여래는 대승에 발취하는 자를 위하여 설하고 최상승에
발취하는 자를 위하여 설한다. 만약 어떤 사람이 잘 수지하고 독송하
며 널리 남을 위하여 설한다면 여래는 다 이 사람을 알고 다 이 사람
을 보아서 모두에게 불가량하고 불가칭하며 가없고 불가사의한 공덕
을 성취케 한다. 이러한 사람들은 곧 여래의 아뇩다라삼먁삼보리를
감당한다. 왜냐하면 수보리야, 만약 小法을 즐기는 자라면 아견 인견
중생견 수자견에 집착하기 때문에 곧 이 경전을 잘 聽受하고 독송하
며 남을 위하여 해설해 줄 수가 없다. 수보리야, 어느 곳이든지 만약
이 경전이 있는 곳이라면 일체 세간의 천·인·아수라가 마땅히 공
양할 대상이다. 마땅히 알아라. 그 곳은 곧 탑이 있는 곳으로서 모두
공경하고 예를 드리며 圍繞하고 여러 가지 향을 그 곳에 흩뿌려야
한다는 것을. 또한 수보리야, 선남자 선여인이 이 경전을 수지 독송
하였는데도 만약 남들로부터 輕賤이 된다고 하자. 이 사람은 전생의
죄업이 응당 악도에 떨어질 판이었다. 그러나 금세에 남들로부터 경
천시되는 까닭에 전생의 죄업이 곧 소멸되고 마땅히 아뇩다라삼먁삼
보리를 얻을 것이다. 수보리야, 내가 생각해 보건대 과거 무량한 아
승지겁에 연등불을 친견하기 이전에 팔백 사천 만 억 나유타의 제불
을 친견하고 모두 다 공양하고 承事하여 헛되이 지나친 적이 없었다.
만약 또 어떤 사람이 後末世에 잘 이 경전을 수지하고 독송하여 얻는
공덕은 내가 제불께 공양한 것으로 얻은 공덕으로 말하자면 그 백분
의 일에도 미치지 못하고 천만억분 내지 숫자나 비유로도 미칠 수가
없다. 수보리야, 만약 선남자 선여인이 후세말세에 이 경전을 수지하
고 독송하여 얻은 공덕을 내가 만약 자세하게 설한다면 혹 어떤 사람
은 그것을 듣고 마음이 狂亂해지고 의심하여 믿지 못한다. 수보리야,
마땅히 알라. 이 경전의 뜻도 불가사의하고 그 과보도 또한 불가사의
하다는 것을."

修行] 등의 경문이 해당된다. 소위 무량하고 무변한 공덕을 성취한다거나, 소위 여래의 아뇩다라삼먁삼보리를 깨쳐 감당할 수 있다는 것은 모두 반드시 깨침에 나아갈 수 있다는 것을 설명한 것이다.

이와 같이 개시하는 까닭은 그 뜻이 사람들로 하여금 果를 흠모하여 因을 닦도록 하려는 것에 있다. 이에 여기에서 찬탄하는 모든 경문은 다 수행하는 것으로 마음을 다스리는 것에 속하는 줄을 알 수 있다. 그러므로 위에서 경전의 뛰어난 점을 들어 수지하기를 권장하는 문[現勝勸持門]과는 다르다. 거기 곧 現勝勸持門에서는 중생이 집착을 버리라[拂迹]는 설법을 듣고서 가르침까지도 받들 마음이 없을까를 염려하는 까닭에 중생으로 하여금 설법의 수지를 권장하였다. 그러나 여기 부분에서는 수행하는 것으로 마음을 다스리는 경문이 뛰어남을 드러내어 그 수지를 권장함으로 인하여 설법한대로 수행하게끔 하는 것이다. 그러므로 권장하는 말은 같지만 그 취지는 다르다.

바로 위에서 수행하는 것으로 마음을 다스리는 것에 대하여 설명을 했으므로 이제 여기부터는 어떻게 청정심에 住하는 것으로 마음을 다스리는 것에 대하여 설명한다. 대저 수행하는 것으로 마음을 다스리는 것에 대해서는 이미 설명하였지만, 청정심에 住하여 마음을 다스리는 것에 대해서는 아직 설명하지 않았다. 때문에 여기에서는 문답을 통해서 그것을 설명하기로 한다. "그 때 수보리가 부처님께 말씀드렸다. 세존이시여, 선남자 선여인이 아뇩다라삼먁삼보리심을 발하려면 어떻게 마땅히 住해야 하고 … 실로 법으로서 아뇩다라삼먁삼보리심을 발했다는 것은 있을 수 없기 때문이다."는 부분까지이다.[195]

다음에는 부처님에게는 法이나 非法이나 身이나 非身을 얻은 바가 없음을 설명하여 佛·法·道의 세 가지가 모두 공하여 무아임을 드러낸다. 그래서 이에 "수보리야, 보살도 또한 그와 같다. 만약 다음과 같이 '나는 진실로 무량한 중생을 멸도시켜야 한다.'라고 말한다면 곧 보살이라 이름할 수가 없다. … 수보리야, 만약 보살로서 無我의 법에 통달한 자가 있을 때는 여래는 설하여 참으로 이것을 보살이라 이름한다."라고 말하여[196] 깊이 무아의 뜻을 설하였다. 곧

---

195) 이에 해당하는 경문은 다음과 같다. "그 때 수보리가 부처님께 말씀드렸다. 세존이시여, 선남자 선여인이 아뇩다라삼먁삼보리심을 내려면 어떻게 마땅히 住해야 하고, 어떻게 마땅히 그 마음을 다스려야 합니까. 부처님께서 수보리에게 말씀하셨다. 만약 선남자 선여인으로서 아뇩다라삼먁삼보리심을 내려는 자는 마땅히 다음과 같이 마음을 내어야 한다. '나는 응당 일체중생을 멸도하리라'라고. 일체중생을 멸도하고 나서는 더욱이 '한 중생도 실로 멸도한 자가 없다'라고. 왜냐하면 수보리야, 만약 보살에게 아상·인상·중생상·수자상이 있으면 곧 보살이 아니다. 왜냐하면 수보리야, 실로 법으로서 아뇩다라삼먁삼보리심을 일으켰다는 것은 있을 수 없기 때문이다."
196) 이에 해당하는 경문은 다음과 같다. "수보리야, 보살도 또한 그와 같다. 만약 다음과 같이 '나는 진실로 무량한 중생을 멸도시켜야 한다'라고 말한다면 곧 보살이라 이름할 수가 없다. 왜냐하면 수보리야,

"수보리야, 어떻게 생각하느냐. 여래가 연등불 처소에서 법이 있어 아뇩다라삼먁삼보리를 얻었느냐. … 여래는 설하여 참으로 이것을 보살이라 이름한다."는 부분까지이다.[197]

실로 법으로 이름붙여 보살이라 할 수 있는 것은 없기 때문이다. 이러한 까닭에 佛은 '일체법에는 我도 없고 人도 없으며 衆生도 없고 壽者도 없다'고 설한다. 수보리야, 만약 보살로서 다음과 같이 '나는 진실로 불토를 장엄할 것이다'라고 말한다면 그것은 보살이라 이름할 수가 없다. 왜냐하면 여래는 '불토를 장엄한다는 것은 곧 장엄이 아니다'라고 설한다. 이것을 장엄이라 이름한다. 수보리야, 만약 보살로서 無我의 법에 통달한 자가 있을 때는 여래는 설하여 참으로 이것을 보살이라 이름한다."

197) 이에 해당하는 경문은 다음과 같다. "수보리야, 어떻게 생각하느냐. 여래가 연등불 처소에서 법이 있어 아뇩다라삼먁삼보리를 얻었느냐. 아닙니다. 세존이시여, 제가 부처님께서 설하신 바의 뜻을 아는 바로는 부처님께서는 연등불 처소에서 법으로 아뇩다라삼먁삼보리를 얻었다고 할 것이 없습니다. 부처님께서 말씀하셨다. 그렇다. 그렇다. 수보리야, 실로 법으로 여래의 아뇩다라삼먁삼보리를 얻었다고 할 것이 있다면 연등불은 곧 나에게 수기를 주어 '그대는 내세에 진실로 부처가 되어 호를 석가모니라 할 것이다'라고는 하지 않았을 것이다. 실로 법으로 아뇩다라삼먁삼보리를 얻었다는 것이 없다. 이 때문에 연등불은 나에게 수기를 주어 다음과 같이 말하였다. '그대는 내세에 마땅히 부처가 되리니 호를 석가모니라 하리라'라고. 왜냐하면 여래란 곧 제법이 如하다는 뜻이기 때문이다. 만약 어떤 사람이 여래는 아뇩다라삼먁삼보리를 얻었다고 말해도 수보리야, 실은 법으로 佛이 아뇩다라삼먁삼보리를 얻었다는 것은 없다. 수보리야, 여래가 얻은바 아욕다라삼먁삼보리는 이 가운데 있어서 實도 없고 虛도 없다. 이 때문에 여래는 일체법은 모두 곧 불법이다라고 설하는 것이다. 수보리야, 말한 바 일체법이란 곧 일체법이 아니다. 이 때문에 일체법이라 말하는 것이다. 수보리야, 비유하자면 사람의 身이 長大한 것과 같다. 수보리가 말했다. 세존이시여, 여래께서 사람의 身이 長大하다고 설하시는 것은 곧 大身이 아닙니다. 그것을 大身이라 이름합니다. 수보리야, 보살도 또한 그와 같다. 만약 다음과 같이 '나는 진실로 무량한

다음에는 중생으로 하여금 顚倒知見을 멀리 여의고 無
住大道에 계합토록 하려고 오안을 낱낱이 들어 沙界衆生
의 染淨·善惡·差別心行이 여래의 안전에서는 숨어있지
못한다는 것을 설명한다. 곧 "수보리야 어떻게 생각하느
냐. 여래에게 육안이 있느냐. … 미래의 마음도 얻을 수가
없다."는 부분까지이다.[198]

중생을 멸도시켜야 한다'라고 말한다면 곧 보살이라 이름할 수가 없
다. 왜냐하면 수보리야, 실로 법으로 이름붙여 보살이라 할 수 있는
것은 없기 때문이다. 이러한 까닭에 佛는 '일체법에는 我도 없고 人도
없으며 衆生도 없고 壽者도 없다'고 설한다. 수보리야, 만약 보살로서
다음과 같이 '나는 진실로 불토를 장엄할 것이다'라고 말한다면 그것
은 보살이라 이름할 수가 없다. 왜냐하면 여래는 '불토를 장엄한다는
것은 곧 장엄이 아니다'라고 설한다. 이것을 장엄이라 이름한다. 수보
리야, 만약 보살로서 無我의 법에 통달한 자가 있을 때는 여래는 설
하여 참으로 이것을 보살이라 이름한다."

198) 이에 해당하는 경문은 다음과 같다. "수보리야 어떻게 생각하느냐. 여
래에게 육안이 있느냐. 그렇습니다. 세존이시여, 여래에게 육안이 있
습니다. 수보리야 어떻게 생각하느냐. 여래에게 천안이 있느냐. 그렇
습니다. 세존이시여, 여래에게 천안이 있습니다. 수보리야 어떻게 생
각하느냐. 여래에게 혜안이 있느냐. 그렇습니다. 세존이시여, 여래에게
혜안이 있습니다. 수보리야 어떻게 생각하느냐. 여래에게 법안이 있느
냐. 그렇습니다. 세존이시여, 여래에게 법안이 있습니다. 수보리야 어
떻게 생각하느냐. 여래에게 불안이 있느냐. 그렇습니다. 세존이시여,
여래에게 불안이 있습니다. 수보리야, 어떻게 생각하느냐. 항하 속의
모든 모래에 대하여 불은 이 모래를 설했느냐. 그렇습니다. 세존이시
여, 여래께서는 이 모래를 설하셨습니다. 수보리야, 어떻게 생각하느
냐. 한 항하 속의 모든 모래와 같이 이와 같음 모래알 수만큼의 항하가
있다고 하자. 이와 같은 모든 항하이 모든 모래알 수만큼의 불세계가
있다고 하면 이것은 얼마나 많겠느냐. 대단히 많습니다. 세존이시여,
부처님께서 수보리에게 말씀하셨다. 그 국토에 있는 모든 중생의 若干

이상은 모두 [정종분]의 둘째인 依悟起修門에 해당한다.

次明有住行施所感福德 畢竟無實 不能超過數量 以現無住
行施所感福德究竟眞實 浩不可涯 不能以多少待對之言稱之
佛之所以言此者 意在令人修無住行 成無上妙果也 今當成
行趣果門也 須菩提於意云何 若有人滿三千大千世界七寶
以用布施 至如來說得福德多是也 從忍辱波羅密 如來說非
忍辱波羅密 極至於此 詳明住修之義 以現依悟起修成行就
果門也 同前住降等文也

다음에는 집착의 보시[有住布施行]로 얻은 복덕은 필경
에 實이 없어 수량을 초과하지 못한다는 것을 설명한다.
이로써 집착이 없는 보시[無住行布施]로 얻은 복덕은 구경
에 진실하고 가없이 넓어서 多少나 상대적인 언설로는 헤
아릴 수 없음을 드러낸다. 부처님께서 이렇게 말한 까닭은
중생으로 하여금 집착이 없는 수행으로[無住行] 無上妙果
를 성취케 하려는 것에 뜻이 있다.

이것은 [정종분]의 셋째인 成行就果門에 해당한다. 그 경문

種心을 여래는 다 안다. 왜냐하면 여래는 모든 마음을 설하여 다 마음
이 아니라고 설하기 때문이다. 이것을 말하여 마음이라 한다. 수보리
야, 과거의 마음도 없고 현재의 마음도 없으며 미래의 마음도 없다."

은 "수보리야, 어떻게 생각하느냐. 만약 어떤 사람이 삼천대천세계에 가득 찬 칠보로써 그것을 가지고 보시한다면 … 복덕을 얻은 바가 많다고 설하는 것이다." 까지이다.[199]

위의 "인욕바라밀을 여래는 인욕바라밀이 아니라고 설한다."는 부분부터 여기까지가 云何應住와 云何修行의 뜻을 자세하세 설명하는 부분에 해당한다. 이로써 [정종분]으로 보면 둘째의 依悟起修門과 셋째의 成行就果門으로서 위에서 말한 云何應住와 云何降伏其心 등의 경문이 이에 해당한다.

前旣以相非相發信 此又明佛非身相 以現初後無別也 今當因果圓融門也 須菩提於意云何 佛可以具足色身見不 至是名諸相具足是也 同前可以身相見如來等文也

위에서 이미 (色)相이 (法)相이 아님을 말하였는데, 여기에서는 다시 법신부처님은 身相이 아님을 설명하여 처음과 나중에 차별이 없음을 드러낸다.

---

199) 이에 해당하는 경문은 다음과 같다. "수보리야, 어떻게 생각하느냐. 만약 어떤 사람이 삼천대천세계를 가득 찬 칠보로써 그것을 가지고 보시한다면 그 사람은 이 인연으로 복을 얻은 바가 많겠느냐. 그렇습니다. 세존이시여, 그 사람은 이 인연으로 복을 얻은 바가 대단히 많습니다. 수보리야, 만약 복덕이 실로 있다면 여래는 복덕을 얻은 바가 많다고는 설하지 않는다. 복덕이 없기 때문에 여래는 복덕을 얻은 바가 많다고 설하는 것이다."

이것은 [정종분]의 넷째인 因果圓融門에 해당한다. 경문은 "수보리야, 어떻게 생각하느냐. 佛을 가히 색신을 구족한 것으로써 볼 수 있느냐. … 이것을 가리켜 상을 구족한다고 말하는 것입니다."는 부분까지이다.[200]

위에서 말한 "身相을 통해서 여래를 볼 수 있느냐." 등의 경문이 이에 해당한다.

次現無念無說 以拂言迹也 今當依理拂迹門也 須菩提 汝勿謂如來作是念我當有所說法 至是名說法是也 同前無有定法如來可說等文也

다음에는 無念과 無說로써 言迹에 집착하지 않는 것을 드러낸다.

이것은 [정종분]의 여섯째인 依理拂迹門에 해당한다.[201]

---

200) 이에 해당하는 경문은 다음과 같다. "수보리야, 어떻게 생각하느냐. 佛을 가히 색신의 구족을 통해서 볼 수 있느냐. 아닙니다. 세존이시여, 여래는 진실로 색신을 구족을 통해서는볼 수가 없습니다. 왜냐하면 여래께서는 '색신을 구족한다는 것은 곧 색신을 구족한 것이 아니다'라고 설하실 뿐입니다. 이것을 가리켜 색신을 구족한다고 말하는 것입니다. 수보리야, 어떻게 생각하느냐. 여래는 여러 가지 상의 구족을 통해서 볼 수 있느냐. 아닙니다. 세존이시여, 여래는 진실로 여러 가지 상의 구족을 통해서는 볼 수가 없습니다. 왜냐하면 여래께서는 '여러 가지 상을 구족한다는 것은 구족하는 것이 아니다'라고 설하실 뿐입니다. 이것을 가리켜 상을 구족한다고 말하는 것입니다."

경문은 "수보리야, 그대는 여래가 다음과 같이 '나는 진실로 법을 설한 바가 있다'라고 생각한다고 말하지 말라. … 이것을 법을 설한다고 말하는 것이다."는 부분까지이다.[202]

위에서 말한 "정해진 법칙이 없는 것을 여래는 설하신다."는 등의 경문이 이에 해당한다.

次現上來所示悟修證門 亦當於末世衆生也 今當法通未來門也 須菩提白 佛言 世尊 頗有衆生 於未來世 聞說是法 生信心不 至阿耨多羅三藐三菩提是也 同前頗有衆生等文也 但文有前却耳 前則先於拂迹 此則後於拂迹也 又前言悟 則直云於此章句能生信心 以此爲實 此則明生非生佛無得 以現生佛平等 知生佛平等是悟也 又前言修則云持戒修福 又云無我相人相衆生相壽者相 此則云以無我無人無衆生無壽者 修一切善法 又前言證則云得如是無量 此則云得阿耨多羅三藐三菩提 盖大同而小異也

---

201) 중근기를 위한 설법부분은 [정종분]의 다섯째 法通未來門과 여섯째 依理拂迹門의 순서가 상근기와는 달리 바뀌어져 있다.

202) 이에 해당하는 경문은 다음과 같다. "부처님께서 말씀하셨다. 수보리야, 그대는 여래가 다음과 같이 '나는 진실로 법을 설한 바가 있다'라고 생각한다고 말하지 말라. 이런 생각 하지 말라. 왜냐하면 어떤 사람이 '여래는 설한 바 법이 있다'고 말한다면 곧 佛을 비방하는 것이 되고 만다. 내가 설한 바를 이해할 수가 없기 때문이다. 수보리야, 법을 설한다 해도 설해야 할 법이 없기 때문이다. 이것을 법을 설한다고 말하는 것이다."

다음에는 위에서 개시한 깨침과 수행과 증득은 역시 말세중생에게도 해당된다는 것을 드러낸다.

이것은 [정종분]의 다섯째인 法通未來門에 해당된다. 경문은 "세존이시여, 어떤 중생이 있어 미래세에 이 법을 듣고 믿음을 내겠습니까. ··· 이것을 아뇩다라삼먁삼보리라 말하는 것이다."는 부분까지이다.203) 위에서 말한 "많은 중생이 ··· "204) 등의 경문이 이에 해당한다.

단지 경문에 전·후가 있을 뿐이다.

곧 前에서는 집착을 없애는 것이 먼저였지만, 이곳 後에서는 집착을 나중에 없애는 것이다.

또한 前에서는 깨침에 대하여 말했으므로, "이 경전을 듣고 신심이 청정해져서 실상을 낸다면"이라 말했지만, 여기 後에서는 "중생이 곧 중생이 아니고 부처님도 얻은 바

---

203) 이에 해당하는 경문은 다음과 같다. "그 때 혜명수보리가 부처님께 사뢰어 말했다. 세존이시여, 많은 중생이 미래세에 이 법을 듣고 믿음을 내겠습니까. 부처님께서 말씀하셨다. 수보리야, 그는 중생도 아니고 중생이 아닌 것도 아니다. 왜냐하면 수보리야, 중생 중생이라는 것은 여래는 이것을 중생이 아니라고 설하였다. 이것을 중생이라고 이름한다. 수보리가 부처님께 사뢰어 말씀드렸다. 세존이시여, 부처님께서 아욕다라삼먁삼보리를 얻었다는 것은 무소득입니까. 그렇다. 그렇다. 수보리야, 내가 아뇩다라삼먁삼보리에 있어서 내지 조그마한 법도 얻은 바가 없다. 이것을 아뇩다라삼먁삼보리라 말하는 것이다."
204) 상근기를 위한 [정종분]의 다섯째인 法通未來門의 내용 가운데 일부가 이에 해당한다.

가 없다."205)는 것을 설명하여 중생과 부처님이 평등하다
는 것을 드러낸다. 그러므로 중생과 부처님이 평등하다는
것을 아는 것이 곧 깨침이다.

또한 前에서는 수행에 대하여 말했으므로 "계율을 지키
고 복을 닦는 것"에 대하여 말하였고, 또한 아상 · 인상 ·
중생상 · 수자상에 대하여 말하였다. 그러나 여기 後에서
는 "무아 · 무인 · 무중생 · 무수자로써 일체선법을 수행한
다."는 것에 대하여 말한다.206)

또한 前에서는 증득에 대하여 말했으므로 "이와 같은 무
량한 복덕을 얻는다."고 하였으나, 後에 해당하는 여기에
서는 "아뇩다라삼먁삼보리를 얻는다."고 말한다.

그러므로 전후의 내용은 대동소이하다.

---

205) 이에 해당하는 경문은 다음과 같다. "수보리야, 그는 중생도 아니고
중생이 아닌 것도 아니다. 왜냐하면 수보리야, 중생 중생이라는 것
은 여래는 이것을 중생이 아니라고 설하였다. 이것을 중생이라고
이름한다. 수보리가 부처님께 사뢰어 말씀드렸다. 세존이시여, 부
처님께서 아욕다라삼먁삼보리를 얻었다는 것은 무소득입니까. 그
렇다. 그렇다. 수보리야, 내가 아뇩다라삼먁삼보리에 있어서 내지
조그마한 법도 얻은 바가 없다. 이것을 아뇩다라삼먁삼보리라 말하
는 것이다."
206) 이에 해당하는 경문은 다음과 같다. "또한 수보리야, 이 법은 평등하
여 高下가 없다. 이것을 아뇩다라삼먁삼보리라 이름한다. 無我 · 無
人 · 無衆生 · 無壽者로써 일체의 善法을 닦으면 곧 아뇩다라삼먁삼보
리를 얻는다. 수보리야, 말한 바 선법이란 여래는 이것을 선법이 아
니라고 설한다. 그러므로 선법이라 말하는 것이다."

次顯經殊勝 勸令持說也 今當現勝勸持門也 須菩提 若三
千大千世界中所有諸須彌山王 如是等七寶聚 有人持用布施
至算數比喩　所不能及是也　同前若人滿三千大千世界七寶
以用布施等文也

다음에는 경전의 뛰어남을 드러내어 중생으로 하여금
설법의 수지를 권장한다.

이것은 [정종분]의 일곱째인 現勝勸持門에 해당한다.
경문은 "수보리야, 만약 어떤 사람이 삼천대천세계에 있
는 모든 수미신왕 그만큼의 칠보의 무더기를 가지고 보
시하고, ··· 산수나 비유로도 미칠 수가 없다."는 부분까
지이다.[207)]
위에서 말한 "만약 어떤 사람이 삼천대천세계에 칠보를
가득 채워서 그것으로 보시한다면" 등의 경문과 같다.

---

207) 이에 해당하는 경문은 "수보리야, 만약 어떤 사람이 삼천대천세계에
있는 모든 수미신왕 그만큼의 칠보의 무더기를 가지고 보시하고, 어
떤 사람이 이 반야바라밀경 내지 사구게 등을 수지하고 독송하며 남
을 위해 설해준다 하자. 앞의 복덕은 백분의 일에도 미치지 못하고,
천분의 일에도 미치지 못하며, 백천만분의 일에도 미치지 못하고, 가
라분의 일에도 미치지 못하며, 數의 어떤 하나에도 미치지 못하고,
우파니사타분의 일에도 미치지 못하며, 내지 산수나 비유로도 미칠
수가 없다."

從可以三十二相見如來不 極至於此 亦次第以悟修等七門開
示 爲中根開示之經於是焉窮 八門中無還示拂迹門者 略之也

위의 "32상을 통해서 여래를 볼 수 있느냐.[見如來]"는
부분부터 마침내 여기에 이르러 역시 깨침과 수행과 증득
등 [정종분]의 7문을 통하여208) 차례로 중근기를 위하여
개시한 경문은 여기에서 마친다.

[정종분]의 8문 가운데 여덟째인 還示拂迹門은 생략한
것이다.

---

208) 여기 중근기를 위한 설법부분에서는 [정종분]의 마지막 여덟째인 還
示拂迹門이 생략되어 있다.

Ⅲ.-2. 累累說法(하근기)

上來已爲中根開示 此下亦爲下根開示 今當發信也 須菩提
於意云何 可以三十二相觀如來不是也 空生前以中根示悟
故慨然興悲 讚佛希有 此以下根權示未悟 故始以錯承佛意
滯在常見 中蒙佛呵 方始知非 終又落於斷見 致令更說不起
斷滅之談 今當依理起信門也 須菩提言 如是如是 以三十二
相觀如來 至於法不說斷滅相是也 前皆云見如來 此則獨言
觀如來亦有以也

　지금까지는 중근기를 위한 개시였다. 이하부터는 역시
하근기를 위한 개시로서 여기에서는 信을 내는 부분에 해
당한다. 곧 "수보리야, 어떻게 생각하느냐. 가히 相의 成就
를 통해서 여래를 볼 수 있겠느냐."는 부분이다.

　공생이 위에서는 중근기에게 깨침을 보이려는 까닭에
개탄하면서 悲心을 일으켜 "희유하십니다."라고 부처님을
찬탄하였다. 그러나 여기에서는 하근기를 위하여 방편을
통하여 아직 그들이 깨치지 못한 것을 보여주려는 것이다.
때문에 처음에 부처님의 뜻을 잘못 받아들여 常見에 걸려
있다가 부처님의 꾸지람을 듣고서야 바야흐로 그릇된 줄
을 알았다. 그러나 마침내 다시 이제는 단견에 떨어지게
되어 부처님으로 하여금 단멸의 말을 일으키지 말라는 설

법을 하게끔 만들었다.

이것은 [정종분]의 첫째인 依理起信門에 해당한다. 경문은 "그렇습니다. 바로 그렇습니다. 32상을 통해서 여래를 볼 수가 있습니다. ··· 단멸의 相이 있다고 설하지 않기 때문이다."라는 부분까지이다.[209] 위에서는 모두 見如來라 했는데 여기에서만 觀如來라 한 것은 역시 나름대로 이유가 있다.

次合明有爲行施與成忍無着 以現成忍無着所獲福德 勝前有爲行施之福 今當依悟起修門 成行趣果門二也 須菩提 若

---

[209] 이에 해당하는 경문은 다음과 같다. "수보리가 말씀드렸다. 그렇습니다. 바로 그렇습니다. 32상을 통해서 여래를 볼 수가 있습니다. 부처님께서 말씀하셨다. 수보리야, 만약 32상을 통해서 여래를 볼 수 있다면 전륜성왕도 마땅히 여래여야 할 것이다. 수보리가 부처님께 사뢰어 말하였다. 세존이시여, 부처님께서 설하신 뜻을 제가 이해하기로는 응당 32상으로는 여래를 볼 수가 없습니다. 이 때 세존께서 게송을 설하여 말씀하셨다. 만약 색으로 나를 보려 한다든가/ 음성으로 나를 구하려 한다면/ 그 사람은 邪道를 행하는 것으로/ 여래를 볼 수가 없다.// 수보리야, 그대가 만약 다음과 같이 '여래는 相을 구족하지 않았기 때문에 아뇩다라삼먁삼보리를 얻은 것이다'라고 생각한다면. 수보리야, 그런 생각을 하지 말라. '여래는 상을 구족하지 않았기 때문에 아뇩다라삼먁삼보리를 얻은 것이다'라고. 수보리야, 만약 다음과 같이 '아뇩다라삼먁삼보리의 마음을 발한 자는 諸法이 단멸한다는 相이 있다고 설한다'라고 생각한다면 그런 생각을 하지 말라. 왜냐하면 아뇩다라삼먁삼보리의 마음을 일으킨 자는 법에 있어서 단멸의 相이 있다고 설하지 않기 때문이다."

菩薩 以滿恒河沙等七寶世界持用布施 若復有人 知一切法
無我得成於忍 至是故說不受福德是也 所謂知一切法無我得
成於忍 與所謂所作福德 不應貪着 當於依悟起修門也 所謂
勝前菩薩所得功德 當於成行趣果門也 此亦同前住降等文也

다음에는 유위보시행과 인욕의 성취에 대하여 집착이
없음을 설명하여 인욕의 성취에 대한 무집착으로 얻는 복
덕은 위의 유위행보시보다 뛰어남을 드러낸다.

이것은 [정종분]의 둘째인 依悟起修門과 [정종분]의 셋
째인 成行就果門의 두 가지에 해당한다. 경문은 "수보리
야, 선남자 선여인이 항하의 모래알 수만큼의 세계에 칠보
를 가득 채워 그것을 가지고 보시한다면, 그리고 만약 어
떤 보살이 일체제법이 무아임을 알아 무생법인을 얻는다
면 … 이런 까닭에 보살은 복덕을 취하지 않는다고 말한
다."는 부분까지이다.[210]

---

210) 이에 해당하는 경문은 다음과 같다. "수보리야, 선남자 선여인이 항하
의 모래알 수만큼의 세계에 칠보를 가득 채워 그것을 가지고 보시한
다면, 그리고 만약 어떤 보살이 일체제법이 무아임을 알아 무생법인
을 얻는다면 이 쪽의 공덕이 전자가 얻은 바 복덕보다 뛰어나다. 수보
리야, 제보살은 복덕을 취하지 않기 때문이다. 수보리가 부처님께 사
뢰어 말했다. 세존이시여, 보살은 어찌하여 복덕을 취하지 않습니까.
부처님께서 말씀하셨다. 수보리야, 보살은 복덕을 짓지만 복덕에 탐착
하지 않는다. 이런 까닭에 보살은 복덕을 취하지 않는다고 말한다."

소위 일체법이 무아임을 알아서 인욕바라밀을 성취하고, 더불어 소위 지은 복덕에 마땅히 탐착이 없다는 것은 [정종분]의 둘째인 依悟起修門에 해당한다. 그리고 소위 앞의 보살이 얻은 공덕보다 뛰어나다는 것은 [정종분]의 셋째인 成行就果門에 해당한다.

이것도 또한 위에서 말한 云何應住와 云何降伏其心 등의 경문과 같다.

前以佛非相觀發信 此現佛無去來坐臥 以示初後無別 今當因果圓融門也 須菩提 若有人言 如來若來若去若坐若臥 至故如來是也 此亦同前可以身相見如來不等文

위에서 부처님은 상의 성취를 통해서는 볼 수가 없다고 하여 信을 내게끔 하였고, 여기에서는 부처님은 가고 오며 앉고 눕는 형태가 없다는 것을 드러내 전후에 차별이 없음을 보여준다.

이것은 [정종분]의 넷째인 因果圓融門에 해당한다. 경문은 "수보리야, 만약 어떤 사람이 '여래는 오기도 하고 가기도 하며 앉기도 하고 눕기도 한다'고 말한다면 … 때문에 여래라 말하는 것이다."는 부분까지이다.[211]
이것도 역시 위에서 말한 "가히 身相의 성취를 통해서

여래를 볼 수가 있느냐." 등의 경문과 같다.

次擧塵界之喩 以明所說法相卽非法相 今當依理拂迹門也
須菩薩 若善男子若善女人 以三千大千世界 碎爲微塵 至是
名法相是也 此亦同前無有定法如來可說等文也

다음에는 미진과 세계의 비유를 들어 설한 法相이 법상
이 아님을 설명한다.

이것은 [정종분]의 여섯째인 依理拂迹門에 해당한다.[212]
경문은 "수보리야, 만약 선남자 선여인이 삼천대천세계를
부수어 미진을 만든다고 하자. … 이것을 말하여 법상이
라 한다."는 부분까지이다.[213]

---

211) 이에 해당하는 경문은 다음과 같다. "수보리야, 만약 어떤 사람이 여
래는 오기도 하고 가기도 하며 앉기도 하고 눕기도 한다고 말한다면
이 사람은 내가 설한 바 뜻을 이해하지 못한 것이다. 왜냐하면 여래는
오는 바도 없고 또한 가는 바도 없기 때문에 여래라 말하는 것이다."
212) 하근기를 위하여 설명하는 부분에서 [정종분]의 다섯째인 法通未來門을
생략한 것은 하근기인들은 근기가 미약하고 서원도 없기 때문이다.
213) 이에 해당하는 경문은 다음과 같다. "수보리야, 만약 선남자 선여인이
삼천대천세계를 부수어 미진을 만든다고 하자. 어떻게 생각하느냐,
이 미진중은 얼마나 많겠느냐. (수보리가 말씀드렸다.) 대단히 많습니
다. 세존이시여, 왜냐하면 만약 이 미진중이 실로 있다면 부처님께서
는 그것을 미진중이라 설하지 않으셨을 것입니다. 왜냐하면 부처님께
서 설한 미진중은 미진중이 아닙니다. 이 때문에 부처님께서는 미진
중이라 설하십니다. 세존이시여, 여래가 설한 삼천대천세계는 곧 세

이것도 역시 "정해진 법이 없는 것을 여래는 설한다." 등
의 경문과 같다.

次又較量現勝勸令持說 今當現勝勸持門也 若有人 以滿無
量阿僧祇世界七寶持用 至其福勝彼是也 此亦同前若人滿三
千大千世界七寶 以用布施等文也

다음에는 또 비교를 든 것으로 [정종분]의 일곱째인 現
勝勸持門에 해당한다. 경문은 "수보리야 만약 어떤 보살마
하살이 무량·아승지 세계에 칠보를 채워 그것을 이용하
여 보시하고, … 이 복이 저 앞의 복보다 무량·아승지나

계가 아니기 때문에 세계라 설하십니다. 왜냐하면 만약 세계가 실로
있다면 곧 그것은 일합상일 것입니다. 그러나 여래가 일합상이라 설
한 것은 곧 일합상이 아니므로 일합상이라 설하십니다. (부처님께서
말씀하셨다.) 수보리야, 일합상이라는 것은 곧 설할 수가 없는 것이
다. 단지 범부가 그것에 탐착할 뿐이다. 수보리야, 만약 어떤 사람이
'부처님께서 아견·인견·중생견·수자견을 설하였다'고 말한다면 수
보리야, 어떻게 생각하느냐. 그 사람이 내가 설한 뜻을 아는 것인가.
(수보리가 말씀드렸다.) 세존이시여, 그 사람은 여래께서 설한 뜻을
알지 못한 것입니다. 왜냐하면 세존께서 설한 아견·인견·중생견·
수자견은 곧 아견·인견·중생견·수자견이 아니라 그 이름이 아
견·인견·중생견·수자견이기 때문입니다. (부처님께서 말씀하셨
다.) 수보리야, 보살로서 아뇩다라삼먁삼보리의 마음을 내는 자는 일
체법에 있어서 마땅히 이와 같이 알고, 이와 같이 보며, 이와 같이
믿어서, 이와 같이 법상에 住해서는 안된다. 수보리야, 말한 바 법상
법상이라는 것은 여래가 법상이 아니라고 설하였는데 이것을 말하여
법상이라 한다."

242 정토혹문

뛰어나다.”는 부분까지이다.214)

이것도 역시 위에서 말한 “어떤 사람이 삼천대천세계에 칠보를 가득 채워서 보시한다면” 등의 경문과 같다.

次現觀法無相 不取不動 今當還示拂迹門也 云何爲人演說 不取於相 如如不動 至應作如是觀是也 此亦同前如來無所 說等文也

다음에는 법이 無相함을 관찰하여 집착하지도 않고 흔들림도 없는 것을 드러낸다.

이것은 [정종분]의 여덟째인 還示拂迹門에 해당한다. 경문은 “어떻게 남을 위해 연설하는가. 상에 집착하지 않고 여여하게 부동하는 것이다. … 마땅히 이와 같이 관찰해야 한다.”는 부분까지이다.215)

---

214) 이에 해당하는 경문은 다음과 같다. “수보리야 만약 어떤 보살마하살이 무량·아승지 세계에 칠보를 채워 그것을 이용하여 보시하고, 또한 만약 어떤 선남자 선여인이 보살심을 발하여 이 경전을 지니고 내지 사구게 등을 수지하고 독송하며 남을 위해 연설해 준다고 하자. 이 복이 저 앞의 복보다 무량·아승지나 뛰어나다.”

215) 이에 해당하는 경문은 다음과 같다. “어떻게 남을 위해 연설하는가. 상에 집착하지도 않고 여여하게 부동하여 설해야 한다. 왜냐하면 일체 유위법은/ 꿈·허깨비·물거품·그림자와 같고/ 이슬과 같으며 또한 번개와 같다./ 마땅히 이와 같이 관찰해야 한다.//”

이것도 역시 위에서 설한 "여래는 설한 바가 없다." 등의
경문과 같다.

從可以三十二相觀如來不 極至於此 除法通未來一門 以悟
修等七門 次第開示 爲下根開示之經 於是焉窮 下經無法通未
來一門者 盖以下根根微 不暇爲人 亦無遠大之志故不及言也

"32상을 통해서 여래를 볼 수가 있느냐."로부터 마침내
여기부분에 이르기까지 [정종분]의 다섯째인 法通未來門
의 한 가지 문을 제외하고 깨침과 수행과 증득 등 7문을
차제로 개시하였다. 하근기를 위해 설한 경문은 여기에서
마친다. 하근기를 위한 경문에서 法通未來門의 한 가지 문
이 없는 것은 대개 하근기의 사람은 근기가 미약하고 남을
위한 여유도 없을 뿐만 아니라 또한 원대한 뜻이 없기 때
문에 언급하지 않은 것이다.

問東風一拂 衆藥開敷 雷音一作 百物咸甦 聖人之化亦然
一音密闡隨類各解 何必累累開示然後 三根齊被乎 曰子但
知一春之同 而不知有三月之分 但知物之敷榮 而不知物之
作有早晚也 夫春行萬國 而寒暄有異 物遂其生 而早晚不同
聖人之化亦然 或不現聲敎 而全體示現 或俯就物機而假言
開示 不待聲敎 而悟入者 上根也 如物之性早者 作於孟春也

因聲教而方悟者 中根也 如物之次於性早者 作於作春也 再
三開示然後 乃悟者 下根也 如物之又其次者 作於暮春也 若
使東風才一月而便復 則化功有所未周 而物生有所未盡 要
須拂經三月然後 化無不周 而物無不作也 盖物之早晚不同
矣 雖以造物之神功 何能使一時而同作 人之利鈍不一矣 雖
以聖人之神化 何能使一擧而頓益乎 要須不悋弘慈 再三提
撕然後 庶乎待機無遺矣 今佛所以累累開示者 不其然乎

　묻는다 : 동풍이 한번 불면 모든 꽃이 피어나고 천둥소
리 한번 치면 만물이 소생합니다. 부처님의 교화도 또한
그와 같아서 일음으로 은밀하게 천명하면 온갖 부류가 각
각 알아듣습니다. 그런데 하필 누누이 개시한 연후에야 세
근기가 그것을 골고루 받아들이는 겁니까.

　답한다 : 그대는 단지 一春의 같은 것만 알 뿐 봄에도
3개월이 있는 줄은 모르며, 단지 만물의 敷榮만 알 뿐 만
물에 早晚이 있는 줄은 모르고 있다. 대저 봄이 온 누리에
오건만 차가움과 따뜻함에 차이가 있고 만물이 소생함에
그 早晚이 같지 않다. 부처님의 교화도 또한 그와 같아서
가르침의 언설을 드러내지 않으면서 그 전체를 시현하는
경우가 있는가 하면, 혹은 만물의 바탕에 의거하여 언설을
빌려 개시하기도 한다.

　언설의 가르침을 말미암지 않고 깨침에 드는 자는 상근

기인데 마치 성품이 가장 이른 만물이 孟春에 피어나는 것과 같고, 언설의 가르침을 듣고서야 바야흐로 깨치는 자는 중근기인데 마치 성품이 그 다음으로 빠른 만물이 봄에 피어나는 것과 같으며, 재삼 가르침을 개시한 연후에야 이에 깨치는 자는 하근기로서 마치 성품이 그 다음으로서 暮春에야 피어나는 것과 같다. 만약 동풍이 겨우 1개월만 반짝 분다면 곧 변화의 공능이 두루하지 못하고 만물의 생장이 미진할 것이다.

요컨대 모름지기 3개월 동안 동풍이 불어닥친 연후에야 변화의 공능이 두루하지 않음이 없어 만물이 이루어지지 않음이 없을 것이다. 대개 만물은 그 早晚이 같지가 않다. 비록 造物의 공능이 제아무리 신통한다한들 어찌 동시에 작용케 할 수 있겠는가. 그리고 사람은 근기가 영리하고 둔근하여 동일하지 않다. 비록 부처님의 교화가 신변만화한들 어찌 일거에 문득 이익케 할 수 있겠는가.

요컨대 모름지기 광대한 자비를 아끼지 않고 재삼 깨우쳐준 연후에야 비로소 모든 근기를 교화함에 남김이 없을 것이다. 그러므로 지금 부처님께서 누누이 설법하고 차례로 개시한 것이 바로 그렇지 않겠는가.

曰一經始末 已聞命矣 只如八門節目 隱略難明 願更敷演雪
〈說?〉盡餘疑 曰子何不擧三〈一?〉明三 更敎節間生枝中 有請不

可無答 諦聽諦聽 夫般若之所以爲般若也 不外衆生日用 而衆
生不知 現居諸佛果海 而諸佛不識 但能如是體解 長見風淸月
瑩 只因眼瞖妄見空花 若遇開示 無不豁然 故有依理起信門也

묻는다 : 이 경전의 전체에 대해서는 이미 다 들어보았
습니다. 단지 저 [정종분]을 8문으로 節目한 것은 은밀하
고 생략되어 알기 어렵습니다. 바라건대 다시 연설을 하여
의심을 없애주십시오.

답한다 : 그대는 어찌하여 하나를 들어 셋을 알지 못하
고 다시 마디 사이에 가지가 돋게 하는가. 그러나 부탁을
했으니 답하지 않을 수 없다. 자세히 들어보아라. 대저 반
야가 반야인 까닭은 모두 중생의 일상을 벗어나지 않는데
도 중생이 그것을 알지 못하고, 중생이 현재 제불의 果海
에 있으면서도 제불을 알지 못하고 있다.

단지 그런 도리를 체험하여 알기만 하면 길이 淸風瑩月
을 볼 수가 있다. 단지 눈에 병이 있는 까닭에 헛되이 空
花를 보고 있다. 그러나 만약 부처님의 개시를 만나면 활
연히 깨칠 수 있을 것이다. 때문에 [정종분]의 첫째는 依理
起信門이다.

然機有利鈍明昧有異故 或以作用 默然現示 或假以言說
開 皆令悟入佛之知見也 所謂開示悟入佛之知見也 是也 雖

然頓悟正遍知覺 元自具足 不因修證而得 愛欲恚癡無始習氣 纏綿意地 暫伏還起 若不知對治之方 不知鍊磨之功焉 則無上果海 終難證入 故有依悟起修門也

　그러나 근기에는 利鈍과 明暗이 있는 까닭에 혹 작용을 함에 침묵으로 현시하기도 하고 혹 언설을 빌려 열어주기도 하여 다 佛知見에 悟入케 한다. 소위 佛知見에 開·示·悟·入케 한다는 것이 이것이다. 비록 돈오의 正遍知覺이 원래부터 구족되어 있어서 수행과 증득을 말미암지 않고도 획득된다 할지라도 愛·欲·恚·癡 등 무시이래의 무명이 중생의 의지를 휩싸고 있어 잠시 일어나지 못하게 짓누르고 있을 뿐이다.

　그러므로 만약 그 무명을 대치하는 방법을 모른다거나 그 正遍知覺을 연마하는 공능을 모른다면 곧 無上果海에는 끝내 증입하지 못할 것이다. 때문에 다음으로 [정종분]의 둘째는 依悟起修門이다.

所謂雖復本來金 終以銷成就是也 佛無上果 非行不階 若論行門 六度齊修 修至無修 方證果位 故有成行就果門也 所謂若能勤精進 菩提道自成是也

　소위 비록 본래부터 금덩어리라 하더라도 결국 녹여야

만 금이 되는 것이다. 부처님의 無上果海도 수행이 없으면 오르지 못한다. 그러나 만약 수행문을 논하자면 육바라밀을 두루 수행해야 하고 더 이상 수행할 바가 없는 경지에 도달해야 바야흐로 과위를 증득한다. 때문에 다음으로 [정종분]의 셋째는 成行就果門이다. 소위 부지런히 정진해야 보리도가 스스로 성취된다는 것과 같다.

上來所示悟修證門 果因分明初後歷然 以實而觀 因該果海 果徹因源 知〈前+?〉後無別 一理齊平 故有因果圓融門也

위에서 개시한 바 깨침과 수행과 증득의 문에는 果와 因이 처음부터 끝까지 분명하다. 그러나 실제로 인과를 관찰해보면 因은 果海를 갖추고 있고 果는 因源에 사무쳐 있어 전후의 차별이 없어 동일한 이치로 평등한 줄을 알 것이다. 때문에 다음으로 [정종분]의 넷째는 因果圓融門이다.

若無此門 但是行布而闕圓融 不言稱爲圓頓大敎 一音所演 今後俱利 非唯現益當機 亦乃流芳萬古 故有法通未來門也

만약 이 因果圓融門이 없다면 단지 항포만 있고 원융이 없어 그것을 圓頓大敎라 칭할 수가 없다. 일음으로 연설한 바는 今과 後를 두루 이롭게 하므로 현재의 중생 뿐만 아니라 만고의 중생에 이르기까지도 또한 이롭게 한다. 때문에 다음으로 [정종분]의 다섯째는 法通未來門이다.

若無此門 不知法門弘利無邊也 經稱得如是無量福德 得之迹分明 以悟修等五門 諄諄開示 說之之痕分曉 若不以理拂之 則〈得+?〉非眞得說非眞說 所謂得說便同魔作 得無所得然後爲眞得 說無所說然後爲眞說 故有依理拂迹門也

만약 이 法通未來門이 없다면 법문의 대이익이 가없는 줄을 알지 못한다. 경문에서는 그와 같은 무량한 복덕을 얻었다고 말하듯이 그것을 얻었다는 자취가 분명하다. 깨침과 수행과 증득과 인과와 미래까지 통하는 법문 등 5문으로 자세하게 개시한 것이야말로 그것을 설명했다는 분명한 자취이다.

그러나 만약 이치로 보아 그 자취를 여의지 못하면 得도 진실한 得이 아니고 說도 진실한 說도 아니어 소위 得과 說이 곧 魔得이고 魔說일 뿐이다. 그러므로 無所得의 경지를 得한 연후에야 비로소 진실한 得이라 할 수가 있고, 無所說을 說한 연후에야 비로소 진실한 說이라 할 수가 있다. 때문에 다음으로 [정종분]의 여섯째는 依理拂迹門이다.

所以無得者 心存於得非眞得也 情存一念悟 寧越昔時迷是
也 所以無說者 心存於說非眞說也 說法有所得 是爲野干鳴
是也 衆生顚倒 如言起執 因聞無得無心趣證 因聞無說無心
奉教 故有現勝勸持門也 若無此聞 諸佛得道 總是虛聲 凡有
教文 盡成虛說 終無弘法利生之期矣

無得인 까닭은 心에 得이 남아 있으면 진실한 得이 아니
기 때문이고, 情에 조금이라도 悟가 남아 있으면 차라리
먼 옛날 곧 중생시절의 미혹일 따름이다. 그리고 無說인
까닭은 心에 說이 남아 있으면 진실한 說이 아니다. 설법
에 소득이 남아 있으면 그것은 늑대의 울음소리일 뿐이다.
중생은 전도되어 있으므로 언설에 따라 집착을 일으킨다.
  그래서 無得이라는 말을 듣고는 증득에 나아갈 마음을
없애버리고, 無說이라는 말을 듣고는 가르침을 받들려는
마음을 놓아버린다. 때문에 다음으로 [정종분]의 일곱째는
現勝勸持門이다. 만약 이 現勝勸持門을 듣지 못한다면 제
불이 도를 깨쳤다는 것도 모두 헛소리일 뿐이고, 무릇 가
르침의 경문도 다 빈말이 되어버려 끝내 법을 펴서 중생을
이롭게 할 기약이 없다.

持說者 亦要事理俱通 旣尊重此教 不癈於事 又無說〈心?〉
持說 不癈於理 故有還示拂迹門也 若無此門 不知說無說之

眞說 化無化之大化 而妄生顚倒知見矣 我大迦文 所以開化
者 隨方解縛 應病與藥 無有定法指示人處 亦無有心指示於
人 所謂無說 以至 所謂不取不動 意在慈焉

  경전을 수지하고 설법하는 자는 역시 理와 事에 두루 통
해야 한다. 이미 이 경전의 가르침을 존중할 것 같으면 事
곧 교화형식을 폐지해서도 안되고, 또한 무심하게 설법을
수지하여 理 곧 자비의 교화정신도 폐지해서는 안된다. 때
문에 다음으로 [정종분]의 여덟째는 還示拂迹門이다.
  만약 이 還示拂迹門이 없다면 설법함에 있어 無說이 眞
說인 줄을 알지 못하고 교화함에 있어 無化가 大化인 줄을
알지 못하여 허망하게도 顚倒知見을 낼 것이다. 우리의 대
석가모니께서 중생을 開化하되 방소에 따라 결박을 풀어
주고 병에 따라 약을 주었으므로 일정하게 정해진 법칙으
로 중생을 가르친 적이 없고, 또한 마음에 집착을 두어 중
생을 가르친 적이 없다. 소위 설한 바가 없다[無說]는 것과
내지 소위 집착이 없다[不取]는 것과 흔들림이 없다[不動]
는 뜻이 바로 여기에 있다.

  如上八門 略言如是 廣如餘說應知 客唯唯而退

  위에서 말한 [정종분]의 8문은 간략하게 말하면 이와 같

지만, 자세한 것은 다른 곳에서 말하는 바와 같은 줄 알아
야 한다. 그러므로 질문하는 나그네는 '잘 알았습니다.' 하
고는 물러갔다.

Ⅳ. 맺는말

　夫乾坤之化 日月之明 尙以僧由〈瑤?〉之妙筆 知其不敢繪
況其下者乎 理性之淵源深深乎 不可得以窮焉 隨宜之大化
蕩蕩乎 不可得而名焉 以余淺近自知 不堪容擬議於其間 但
爲執指之迷徒 忘其陋陋 類辨之 以賽來問 若吞舟之巨鼇 豈
可以纖鉤釣得 撩天之俊鶻 不打籬邊之小兔 且知 弱羽不能
高飛 破軍不能致遠 俯爲初機 書以傳後 所冀一言之下 迷雲
豁開 一軸之中義天朗耀 致令祇園勝席 展轉無窮般若良緣
綿綿不〈盡+?〉 延君國之鴻業享 太平之風月 驅盡空之含識
到菩提之彼岸

　대저 건·곤의 조화와 일·월의 밝음은 僧瑤[216]의 신묘
한 붓으로도 그려낼 수 없음을 알 것이다. 하물며 그보다
못한 자들이겠는가. 도리와 성품의 근원은 매우 깊어 그
끝을 알 수가 없고, 도리에 걸맞는 大化는 매우 드넓어 뭐
라 이름할 수가 없다. 나 함허는 본디 천박하여 감히 『금
강경』에 대하여 이러쿵저러쿵 논할 입장이 아닌 줄을 안

---

216) 張僧瑤는 吳나라 사람으로 화공으로서 특히 단청에 뛰어났다. 『祖庭
事苑』 卷6, (『卍續藏』 64, p.406中) "瑤當作繇 音遙 張僧繇 吳人也 梁
天監中 爲武陵王國侍郞直祕閣知畵事 歷右將軍 吳興太守 武帝以諸王
在外 思欲見之 遣僧繇乘傳寫貌 對之如面也 張公骨氣奇偉 師模宏遠
眞當世異 人見王彥遠名 盡記乘傳 若今之驛 傳眞戀切" 참조.

다. 단지 손가락에 집착하여 어리석은 자들을 위하여 내가 옹졸한 줄을 잊고서 갈래를 변별하여 나그네의 질문에 답하는 것이다.

만약 배를 삼켜버리는 큰 자라라면 어찌 가는 낚싯바늘로 낚을 수 있겠으며, 하늘을 움켜쥐는 날쌘 송골매는 울타리 옆에 노는 작은 토끼를 채가지 않는 법이다. 또한 허약한 날개로는 높이 날지 못하고 망가진 수레로는 멀리 가지 못하는 줄을 알지만 초발심한 자들을 위하여 글로 써서 후세에 전한다.

바라건대 한 마디의 말을 통해서 미혹의 구름이 활짝 열리고 한 권의 책에 담겨 있는 뜻이 하늘을 밝게 비추어 이로써 기원정사의 훌륭한 자리가 끝없이 展轉하고 반야의 좋은 인연이 면면히 끊임이 없으며 나아가서 임금과 국가가 대업을 누리고 태평한 풍월이 허공의 끝까지 치달려 중생을 보리의 언덕에 데려가 주소서.

金剛般若波羅密經綸貫 終
『금강반야바라밀경윤관』을 마치다

[해 설]

1. 함허득통

이 『금강반야바라밀경윤관』[217]은 함허득통이 『금강경』의 분과와 관련하여 중생의 근기에 근거하여 자신의 견해를 설명한 것으로 유명하다. 특히 『금강경오가해』에서 여러 선인들의 견해를 열거하고 배열한 것과는 달리, 함허가 여기에서는 『금강경』의 분과를 형식상으로는 10문으로 나누고 내용으로는 상근기와 중근기와 하근기에 따른 것으로 정리를 함으로써 전체적으로 『금강경』의 구조와 내용을 이해하는데 많은 도움을 주고 있다.

함허득통(1376-1433)은 법명이 己和이고 법호는 得通이며 당호는 涵虛堂이다. 속성은 劉씨로서 고려 우왕 2(1376)년에 중원에서 태어났다. 어릴 때부터 성균관에 들어가서 공부를 하였고, 21세(1396)에 학우의 죽음을 보고 무상을 느껴 출가하여 수도할 것을 결심하였다. 출가한 곳은 관악산 의상암이었고, 이듬해(1397)에 회암사로 가서 무학(1327-1405)을 친견하고 법요를 들었다. 여러 산문을 유행하다가 29세에 다시 회암사에 돌아와서 용맹정진한

---

217) 『韓國佛教全書』 제7책의 수록본에 의함.

결과 깨친 바가 있었다.

　31세 때는 공덕산 대승사로 가서 4년에 걸쳐『반야경』강설회를 세 차례 열었다. 35세 때는 천마산 관음굴에서 현풍을 크게 떨쳤으며, 이듬해 佛禧寺로 가서 3년의 결제를 하면서 가람을 키웠다. 39세 때는 慈母山 烟峰寺에 작은 방을 정하고 이름을 涵虛堂이라 하며 3년을 정진한 후에 이 절에서 2년에 걸쳐『五家解』강석을 세 번 열었다. 56세 때 왕실에서 건립한 大慈庵에 머물면서 왕비와 왕자의 천혼을 위한 영산법회에서 설법을 여러 번 했다. 4년 동안 대자암에서 住錫하다가 글을 올려 사퇴하고 산으로 들어가서 다시 雲水의 생애로 법을 폈다. 56세 되는 가을에 희양산 봉암사로 가서 퇴락한 절을 중수하였다. 사원의 중수를 마치고 58세 되는 해 4월 1일 입적하였다. 법랍은 38세였다.

　함허의 저술 및 어록 가운데 현존하는 것으로는『金剛經五家解說誼』(2권)『金剛波羅蜜經綸貫』(1권)『圓覺經解』(3권)『永嘉集科註說誼』(2권)『顯正論』(1권)『涵虛堂得通和尙語錄』(1권) 등이 있다.

2. 次第開示(上根機)

　함허는『金剛般若波羅蜜綸貫』에서는 우선 경문에 드러

나 있는 반복된 문답에 대하여 15가지의 질문을 제기한
다.218) 제기된 질문의 요지는 "설법은 그 종류에 따라서
단지 한 번만 나타내더라도 뜻이 분명히 드러나는데 어째
서 거듭 설법으로 드러낸 것입니까. 본디 말을 함에 있어
조리가 있어야 하고 뜻을 설하는데 있어서는 차례가 있어
야 하는 것입니다. 그런데 이와는 정반대의 경우가 되어
있어 전체적으로 매우 번거롭게 되어 있습니다."219)는 것
이다. 이에 함허는 총론적으로 다음과 같이 말한다.

　지금 이『금강경』은『대반야경』제577권에 수록된 것으
로 그 文義는 어떤 경전보다도 가장 정밀하다. 그래서『금
강경』을 해석한 자가 많이 있지만 오직 규봉이 지은『금
강반야경소론찬요』만이 그 오묘(한 의미)를 다하였다. 규
봉은 그 서문에서 '住의 18가지는 보살행의 階差를 은밀하
게 보여주며, 27斷疑는 그윽하게 불조의 혈맥과 통해 있
다.'고 말한다. 이 한 마디를 통해서 한 경전의 시말을 충
분히 볼 수가 있다. 나 함허는 이『금강경』을 펼쳐보고 완
미한 지가 몇 해가 되었다. 근래에는 27단의 이외에도 전
후의 글이 각각 부류에 따라 상응해 있고 서로 드러내주면

---

218) 그러나 질문 8.부터 질문 15.까지에 이르는 8가지 질문은 모두 반복문
　　답에 대한 질문이므로 크게 묶어서 하나의 질문으로 간주할 수 있다.
　　이렇게 보면 질문은 모두 9개로 볼 수 있다.
219) 涵虛,『金剛般若波羅蜜經綸貫』, (『韓國佛教全書』7, p.116上-中)

서 뒤섞여 있는 줄을 스스로 알게 되었다. 그대가 의심을
보였으므로 내가 이제 그에 대하여 말해보겠다.[220]

　이로써 보면 함허는 종밀이 긍정한 천친의 27단의 분과
에 대한 견해[221]에 동조하면서 무착론의 18분과까지도 수
용하고 있음을 알 수 있다. 그러나 그것은 내용에 따른 분
과로 이루어져 있으므로 그와는 달리 함허는 여기에서 내
용과 형식의 둘을 아울러 취급하여 3종근기 10문으로 분
과하고 있다.[222] 이에 함허는 次第開示와 累累說法이라는
두 가지 형식을 바탕으로 하여 3종근기의 내용으로 분과
하고 있다. 이를테면 차제개시는 상근기를 위하여 설한 것
으로 [서분]과 [정종분]과 [유통분]을 10門으로 차례에 따
라 개시한 것이다.
　제1문인 [서분]은 如是我聞부터 1250人俱 까지로서 일반

---

220)『金剛般若波羅蜜經綸貫』, (『韓國佛教全書』7, pp.116下-117上) "今此
　　一部金剛 載於般若第五百七十七卷 而其文義 最爲精密 解者雖衆 唯圭
　　峯所論 蓋臻其奧 序云 住一十八處密示階差 斷二十七疑潛通血脈 觀此
　　一語 足見一經之始末矣 余稟受此經展玩披味亦有年矣 近於二十七疑
　　外 自見前後文義 各以類應甄明喜雜 君旣呈疑 請嘗言之"
221) 宗密 述, 子璿 治定,『金剛般若經疏論纂要』, (『大正新脩大藏經』33,
　　p.154下)
222) 이로써 보면 종밀의 견해에 동조하면서 함허는 무착론의 18분과와 천
　　친의 27단의 분과를 인정하고 있다. 그러나 그 내용에 따른 분과와는
　　달리 함허는 여기에서 내용과 형식을 아울러 취급하여 3종근기 10문
　　으로 분과하고 있다. 여기에서 함허는 나집본『금강경』에 근거하여
　　분과하고 있다.

적으로 通序를 배대하였다. 그리고 제10문이 [유통분]은
佛說是經已부터 信受奉行 까지를 배대하였다.[223] 그리고
제2문부터 제9문까지 8문은 모두 [정종분]에 해당하는 것
으로 보았다. 여기에서 함허의 분과가 독특한 것은 [정종
분]의 전체를 다시 상근를 위하여 8문으로 배대하고, 다음
중근기를 위하여 다시 8문을 배대하였으며, 그 다음 다시
하근기를 위하여 8문을 배대했다는 점이다.

[정종분] 가운데서 상근기를 위한 8문은 첫째는 依理起
信門(亦名開示悟入門)이고, 둘째는 依悟起修門이며, 셋째
는 成行就果門이고, 넷째는 因果圓融門이며, 다섯째는 法
通未來門이고, 여섯째는 依理拂迹門이며, 일곱째는 現勝
勸持門이고, 여덟째는 還示拂迹門이다.

[정종분]의 첫째인 依理起信門에 해당하는 경문은 "그때
세존께서는 공양시간이 되어 옷을 걸치고 발우를 들
고 … 모든 보살을 잘 부촉하십니다." 까지이다.[224]

[정종분]의 둘째인 依悟起修門에 해당하는 경문은 "세존
이시여, 선남자 선여인이 아뇩다라삼먁삼보리의 마음을

---

223) 제1문인 [서분]과 제10문인 [유통분]은 일반적인 3단구성과 크게 다를
바가 없지만 [서분]의 경우 일반적인 과분에서 別序(爾時世尊食時 …
敷座而坐)를 제외하고 通序(如是我聞 … 1250人俱)만 해당하는 것으
로 보고 있는 점은 독특하다.
224) 이에 해당하는 경문은 다음과 같다. "그때 세존께서는 공양시간이 되
어 … 여래께서는 모든 보살을 잘 호념하시고 모든 보살을 잘 부촉하
십니다."

내려면 … 보살은 마땅히 이와 같이 보시하되 相에 住하지 않아야 한다." 까지이다.225)

[정종분]의 셋째인 成行就果門에 해당하는 경문은 "왜냐하면 만약 보살이 相에 住하지 않고 보시하면 그 복덕은 불가사량하기 때문이다. … 相에 住하지 않고 보시하는 복덕도 그와 또한 같이 불가사량하다. 마땅히 이와 같은 가르침에 住해야 한다." 까지이다.226)

[정종분]의 넷째인 因果圓融門에 해당하는 경문은 "수보리야, 어떻게 생각하느냐. 신상으로 여래를 볼 수 있겠느냐" … 곧 여래를 볼 수가 있다" 까지이다.227)

[정종분]의 다섯째인 法通未來門에 해당하는 경문은 "많은 중생이 … 하물며 법 아닌 것이겠는가." 까지이다.228)

---

225) 이에 해당하는 경문은 다음과 같다. "세존이시여, 선남자 선여인이 아뇩다라삼먁삼보리의 마음을 내려면 마땅히 어떻게 머물러 두어야 하며 어떻게 그 마음을 다스려야 합니까. … 수보리야, 보살은 마땅히 이와 같이 보시하되 相에 住하지 않아야 한다."
226) 이에 해당하는 경문은 다음과 같다. "왜냐하면 만약 보살이 相에 住하지 않고 보시하면 그 복덕은 불가사량하기 때문이다. … 수보리야, 보살은 마땅히 이와 같은 가르침에 住해야 한다."
227) 이에 해당하는 경문은 다음과 같다. "수보리야, 어떻게 생각하느냐. 신상으로 여래를 볼 수 있겠느냐. … 무릇 형상이 있는 것은 다 허망한 것이다. 만약 모든 형상은 진실한 모양이 아니라고 안다면 곧 여래를 볼 수가 있다."
228) 이에 해당하는 경문은 다음과 같다. "수보리야, 어떻게 생각하느냐. 신상으로 여래를 볼 수 있겠느냐. … 내 설법은 뗏목의 비유와 같은 줄 알아야 한다. 법마저 버려야 하거늘 하물며 법 아닌 것이겠는가고 설한다."

[정종분]의 여섯째인 依理拂迹門에 해당하는 경문은 "여래가 아뇩다라삼먁삼보리를 얻었느냐, … 차별을 삼기 때문입니다." 까지이다.[229]

[정종분]의 일곱째인 現勝勸持門에 해당하는 경문은 "수보리야, 어떻게 생각하느냐. 만약 어떤 사람이 삼천대천세계를 칠보로 가득 채워 그것으로 보시한다면 … 곧 반야바라밀이 아니므로 반야바라밀이라 말하는 것이다." 까지이다.[230]

[정종분]의 여덟째인 還示拂迹門에 해당하는 경문은 "여래가 설하신 법이 있느냐. … 이것을 세계라고 말하는 것이다." 까지이다.[231]

이처럼 [정종분]의 전체 가운데 8문의 차제에 따라 상근기를 위한 설법은 다음과 같은 상호인과적인 관계에 놓여 있다.

모든 중생이 본디 반야를 구비하고 있음어 현재 제불의 果海에 있으면서도 제불을 알지 못하고 있다. 그러나 부처

---

229) 이에 해당하는 경문은 다음과 같다. "수보리야, 어떻게 생각하느냐. 여래가 아뇩다라삼먁삼보리를 얻었느냐. 여래가 설한 법이 있느냐. … 왜냐하면 일체 현성이 다 무위법으로써 차별을 삼기 때문입니다."
230) 이에 해당하는 경문은 다음과 같다. "수보리야, 어떻게 생각하느냐. 만약 어떤 사람이 삼천대천세계를 칠보로 가득 채워 그것으로 보시한다면 … 왜냐하면 수보리야, 부처님이 설하는 반야바라밀은 곧 반야바라밀이 아니므로 반야바라밀이라 말하는 것이다."
231) 이에 해당하는 경문은 다음과 같다. "수보리야, 어떻게 생각하느냐. 여래가 설하신 법이 있느냐. … 여래는 세계를 세계가 아니라고 설하는데 이것을 세계라고 말하는 것이다."

님의 개시를 만나면 활연히 깨칠 수 있을 것이므로 [정종분]의 첫째는 依理起信門이다.

그러나 돈오의 正遍知覺이 원래부터 구족되어 있어서 수행과 증득을 말미암지 않고도 획득된다 할지라도 愛·欲·恚·癡 등으로 인하여 무명을 대치하는 방법을 모르고 수행을 연마하는 공능을 모른다면 無上果海에는 끝내 증입하지 못할 것이므로 다음으로 [정종분]의 둘째는 依悟起修門이다.

또한 본디 부처님의 果海를 구비하고 있을지라도 수행이 없으면 오르지 못하므로 육바라밀을 두루 수행한 연후에야 과위를 증득하므로 [정종분]의 셋째는 成行就果門이다.

또한 깨침과 수행과 증득의 문에는 果와 因이 분명하여 因은 果海를 갖추고 있고 果는 因源에 사무쳐 있어 전후의 차별이 없으므로 다음으로 [정종분]의 넷째는 因果圓融門이다.

또한 원융한 설법은 현재뿐만 아니라 후세까지도 두루 이롭게 하므로 다음으로 [정종분]의 다섯째는 法通未來門이다.

또한 깨침과 수행과 증득과 인과와 미래까지 통하는 법문 등일지라도 그 자취를 여의지 못하면 소위 得과 說이 곧 魔得이고 魔說일 뿐이다. 그러므로 無所得과 無所說을 터득한 연후에야 진실한 得과 說이 가능하므로 다음으로

[정종분]의 여섯째는 依理拂迹門이다.

또한 중생은 無得과 無說이라는 말을 듣고는 증득에 나아갈 마음이 없애버리고, 無說이라는 말을 듣고는 가르침을 받들려는 마음을 놓아버린다. 때문에 다음으로 [정종분]의 일곱째는 現勝勸持門이다.

또한 중생을 위한 교화형식을 폐지해서도 안되고, 자비의 교화정신도 폐지해서는 안된다. 때문에 다음으로 [정종분]의 여덟째는 還示拂迹門이다.

3. 累累說法(中 · 下根機)

위에서 [정종분]을 분과하여 상근기를 위한 8문으로 설명을 하였다. 그러나 상근기가 아닌 사람은 그것으로 충분하지 못하여 다시 설법하지 않으면 안되기 때문에 累累說法이 등장한다. 이미 상근기를 위하여 설법한 다음에 해당하므로 累累說法이라 한다.

3종의 근기를 위한 대단락은 처음의 "가사를 수하고 발우를[着衣持鉢]"의 부분부터 "세계라 이름한다.[是名世界]"까지는 상근기를 위하여 개시한 것이고, "가히 32상을 통해서 여래를 볼 수 있겠느냐.[可以三十二相見如來不]"는 부분부터 "곧 범부가 아니다.[卽非凡夫]" 까지는 중근기를 위하여 개시한 부분이며, "가히 32상을 통해서 여래를 볼 수가 있겠느냐.[可以三十二相觀如來不]"는 부분부터 "마땅히 이와 같이 관찰해야 한다.[應作如是觀]"는 부분까지는 하근기를 위하여 개시한 것이다. 이들 3종 근기를 위한 설법은 그 속에 각각 깨침과 수행과 증득의 문 내지 집착하지 말것[拂迹]과 집착하지 않는 수행을 권장하는 것[勸持] 등 5문을 구비하고 있다.[232) 함허는 이것이 소위 누누이 설법한다는 본래의 의도라고 말한다.

이제 중근기를 위하여 분과한 [정종분]의 8문에 대하여 살펴보면 다음과 같다. 먼저 중근기를 상대하여 설법한 경문의 단락은 "그때 수보리가 이 경전 설하는 것을 듣고 깊이 그 뜻[義趣]을 알아차리고는 … 아직껏 이 경전을 들어본 적이 없습니다."부터 해당한다.

곧 [정종분]의 첫째인 依理起信門에 해당하는 경문은 "세존이시여, 만약 어떤 사람이 이 경전을 듣고 신심이 청정해지면 … 제일바라밀이라 말하는 것이다." 까지이다.[233)

---

232) 여기에서 깨침과 수행과 증득의 문은 각각 [정종분]의 8문 가운데 셋째 成行就果門과 둘째 依悟起修門과 넷째 因果圓融門에 해당하고, 拂迹과 勸持는 각각 여섯째 依理拂迹門과 일곱째 現勝勸持門에 해당한다. 특별히 정종분의 첫째인 依理起信門(亦名開示悟入門)은 信이 세 근기 전체에 통하기 때문에 따로 언급하지 않았고, [정종분]의 다섯째 法通未來門은 하근기에 해당되지 않기 때문에 생략했으며, [정종분]의 여덟째 還示拂迹門은 중근기에 해당되지 않기 때문에 생략한 것이다. 또한 중근기의 경우 [정종분]의 다섯째와 여섯째의 순서가 바뀌어 있다.

233) 이에 해당하는 경문은 다음과 같다. "세존이시여, 만약 어떤 사람이 이 경전을 듣고 신심이 청정해지면 곧 실상을 낸다면 … 수보리야,

또한 [정종분]의 둘째인 依悟起修門에 해당하는 경문은 "수보리야, 여래는 인욕바라밀을 인욕바라밀이 아니라고 설하는데 이것을 인욕바라밀이라 이름한다. ⋯ 미래의 마음도 얻을 수가 없다." 까지이다.[234]

또한 [정종분]의 셋째인 成行就果門에 해당하는 경문은 "수보리야, 어떻게 생각하느냐. 만약 어떤 사람이 삼천대천세계를 가득 찬 칠보로써 그것을 가지고 보시한다면 ⋯ 복덕을 얻은 바가 많다고 설하는 것이다." 까지이다.[235]

또한 [정종분]의 넷째인 因果圓融門에 해당하는 경문은 "수보리야, 어떻게 생각하느냐. 佛을 가히 색신을 구족한 것으로써 볼 수 있느냐. ⋯ 이것을 가리켜 상을 구족한다고 말하는 것입니다." 까지이다.[236]

여래가 설하는 제일바라밀은 곧 제일바라밀이 아니므로 제일바라밀이라 말하는 것이다."

234) 이에 해당하는 경문은 다음과 같다. "수보리야, 여래는 인욕바라밀을 인욕바라밀이 아니라고 설하는데 이것을 인욕바라밀이라 이름한다. ⋯ 수보리야, 과거의 마음도 없고 현재의 마음도 없으며 미래의 마음도 없다."

235) 이에 해당하는 경문은 다음과 같다. "수보리야, 어떻게 생각하느냐. 만약 어떤 사람이 삼천대천세계를 가득 찬 칠보로써 그것을 가지고 보시한다면 ⋯ 복덕이 없기 때문에 여래는 복덕을 얻은 바가 많다고 설하는 것이다."

236) 이에 해당하는 경문은 다음과 같다. "수보리야, 어떻게 생각하느냐. 佛을 가히 색신의 구족을 통해서 볼 수 있느냐. ⋯ 왜냐하면 여래께서는 여러 가지 상을 구족한다는 것은 구족하는 것이 아니다라고 설하실 뿐입니다. 이것을 가리켜 상을 구족한다고 말하는 것입니다."

또한 [정종분]의 여섯째인 依理拂迹門에 해당하는[237] 경문은 "수보리야, 그대는 여래가 다음과 같이 '나는 진실로 법을 설한 바가 있다'라고 생각한다고 말하지 말라. … 이것을 법을 설한다고 말하는 것이다" 까지이다.[238]

또한 [정종분]의 다섯째인 法通未來門에 해당하는 경문은 "세존이시여, 어떤 중생이 있어 미래세에 이 법을 듣고 믿음을 내겠습니까. … 이것을 아뇩다라삼먁삼보리라 말하는 것이다." 까지이다.[239]

또한 [정종분]의 일곱째인 現勝勸持門에 해당하는 경문은 "수보리야, 만약 어떤 사람이 삼천대천세계에 있는 모든 수미산왕 그만큼의 칠보의 무더기를 가지고 보시하고, … 산수나 비유로도 미칠 수가 없다." 까지이다.[240] 이하 [정종분]의

---

237) 중근기를 위한 설법부분은 [정종분]의 다섯째 法通未來門과 여섯째 依理拂迹門의 순서가 상근기의 경우와는 달리 바뀌어져 있다.

238) 이에 해당하는 경문은 다음과 같다. "부처님께서 말씀하셨다. 수보리야, 그대는 여래가 다음과 같이 나는 진실로 법을 설한 바가 있다고 생각한다고는 말하지 말라. … 수보리야, 법을 설한다 법을 설한다고 해도 설해야 할 법이 없기 때문이다. 이것을 법을 설한다고 말하는 것이다."

239) 이에 해당하는 경문은 다음과 같다. "그 때 혜명수보리가 부처님께 사뢰어 말했다. 세존이시여, 많은 중생이 미래세에 이 법을 듣고 … 수보리야, 내가 아뇩다라삼먁삼보리에 있어서 내지 조그마한 법도 얻은 바가 없다. 이것을 아뇩다라삼먁삼보리라 말하는 것이다."

240) 이에 해당하는 경문은 다음과 같다. "수보리야, 만약 어떤 사람이 삼천대천세계에 있는 모든 수미신왕 그만큼의 칠보의 무더기를 가지고 보시하고, … 우파니사타분의 일에도 미치지 못하며, 내지 산수나 비유로도 미칠 수가 없다."

8문 가운데 여덟째인 還示拂迹門은 생략되었다.

다음으로 하근기를 위한 설법으로 재삼 설한 경문 부분은 "수보리야, 어떻게 생각하느냐. 가히 相의 成就를 통해서 여래를 볼 수 있겠느냐" 이하부터 [정종분]의 끝부분에 해당하는 "應作如是觀"까지이다.

곧 [정종분]의 첫째인 依理起信門에 해당하는 경문은 "그렇습니다. 바로 그렇습니다. 32상을 통해서 여래를 볼 수가 있습니다. … 단멸의 相이 있다고 설하지 않기 때문이다." 까지이다.[241]

또한 [정종분]의 둘째인 依悟起修門과 [정종분]의 셋째인 成行就果門의 두 가지에 해당하는 경문은 "수보리야, 선남자 선여인이 항하의 모래알 수만큼의 세계에 칠보를 가득 채워 그것을 가지고 보시한다면, 그리고 만약 어떤 보살이 일체제법이 무아임을 알아 무생법인을 얻는다면 … 이런 까닭에 보살은 복덕을 취하지 않는다고 말한다." 까지이다.[242]

또한 [정종분]의 넷째인 因果圓融門에 해당하는 경문은

---

241) 이에 해당하는 경문은 다음과 같다. "수보리가 말씀드렸다. 그렇습니다. 바로 그렇습니다. … 왜냐하면 아뇩다라삼먁삼보리의 마음을 발한 자는 법에 있어서 단멸의 相이 있다고 설하지 않기 때문이다."
242) 이에 해당하는 경문은 다음과 같다. "수보리야, 선남자 선여인이 항하의 모래알 수만큼의 세계에 칠보를 가득 채워 그것을 가지고 보시한다면, … 수보리야, 보살은 복덕을 짓지만 복덕에 탐착하지 않는다. 이런 까닭에 보살은 복덕을 취하지 않는다고 말한다."

"수보리야, 만약 어떤 사람이 '여래는 오기도 하고 가기도 하며 앉기도 하고 눕기도 한다'고 말한다면 ··· 때문에 여래라 말하는 것이다." 까지이다.243) [정종분]의 다섯째에 해당하는 법통미래문은 생략되었다.244)

또한 [정종분]의 여섯째인 依理拂迹門에 해당하는 경문은 "수보리야, 만약 선남자 선여인이 삼천대천세계를 부수어 미진을 만든다고 하자. ··· 이것을 말하여 법상이라 한다." 까지이다.245)

또한 [정종분]의 일곱째인 現勝勸持門에 해당하는 경문은 "수보리야 만약 어떤 보살마하살이 무량 · 아승지 세계에 칠보를 채워 그것을 이용하여 보시하고, ··· 이 복이 저 앞의 복보다 무량 · 아승지나 뛰어나다." 까지이다.246)

---

243) 이에 해당하는 경문은 다음과 같다. "수보리야, 만약 어떤 사람이 여래는 오기도 하고 가기도 하며 앉기도 하고 눕기도 한다고 말한다면 이 사람은 내가 설한 바 뜻을 이해하지 못한 것이다. 왜냐하면 여래는 오는 바도 없고 또한 가는 바도 없기 때문에 여래라 말하는 것이다."

244) 하근기를 위하여 설명하는 부분에서 [정종분]의 다섯째인 法通未來門을 생략한 것은 하근기인들은 근기가 미약하고 서원도 없기 때문이다. 『金剛般若波羅蜜經綸貫』, (『韓國佛敎全書』 7, p.121上)

245) 이에 해당하는 경문은 다음과 같다. "수보리야, 만약 선남자 선여인이 삼천대천세계를 부수어 미진을 만든다고 하자. ··· 수보리야, 말한 바 법상 법상이라는 것은 여래가 법상이 아니라고 설하였는데 이것을 말하여 법상이라 한다."

246) 이에 해당하는 경문은 다음과 같다. "수보리야 만약 어떤 보살마하살이 무량 · 아승지 세계에 칠보를 채워 그것을 이용하여 보시하고, 또한 만약 어떤 선남자 선여인이 보살심을 발하여 이 경전을 지니고 내지 사구게 등을 수지하고 독송하며 남을 위해 연설해 준다고 하자.

또한 [정종분]의 여덟째인 還示拂迹門에 해당한다. 경문은 "어떻게 남을 위해 연설하는가. 상에 집착하지 않고 여여하게 부동하는 것이다. ⋯ 마땅히 이와 같이 관찰해야 한다." 까지이다.[247]

함허는 이처럼 3종의 근기에 대하여 각각 [정종분]의 8문을 통하여 次第開示와 累累說法을 바탕으로 삼아 次第開示는 상근기를 상대하는 설법의 분과로 배대하였고, 累累說法은 중근기와 하근기를 위하여 거듭 설법했다는 것으로 배대하였다. 이와 같은 분과를 도표로 보이면 다음과 같다.

서분 : 如是我聞 ⋯ 千二百五十人俱			
정종분 : 爾時 世尊着衣持鉢 ⋯ 應作如是觀			
	상근기(차제개시)	중근기(누누설법)	하근기(누누설법)
八門의次第	① 依理起信門	① 依理起信門	① 依理起信門
	② 依悟起修門	② 依悟起修門	② 依悟起修門
	③ 成行就果門	③ 成行就果門	③ 成行就果門
	④ 因果圓融門	④ 因果圓融門	④ 因果圓融門
	⑤ 法通未來門	⑤ 依理拂迹門	생략
	⑥ 依理拂迹門	⑥ 法通未來門	⑤ 依理拂迹門
	⑦ 現勝勸持門	⑦ 現勝勸持門	⑥ 現勝勸持門
	⑧ 還示拂迹門	생략	⑦ 還示拂迹門
유통분 : 佛說是經已 ⋯ 信受奉行			

이 복이 저 앞의 복보다 무량·아승지나 뛰어나다."
247) 이에 해당하는 경문은 다음과 같다. "어떻게 남을 위해 연설하는가. 상에 집착하지도 않고 여여하게 부동하여 설해야 한다. 왜냐하면 일체 유위법은/ 꿈·허깨비·물거품·그림자와 같고/ 이슬과 같으며 또한 번개와 같다./ 마땅히 이와 같이 관찰해야 한다./"

4. 3단 10문 분과의 특징

위에서처럼 [서분]·[정종분]·[유통분]의 3단과 그 전체를 10문으로 분과한 것은 기존의 3단분과를 인정하고 있다. 그러나 단순히 3단구성의 틀을 계승한 것이 아니다. 그것은 『금강경』경문의 특성이기도 한 반복적인 문답으로 인한 번거로움을 3종의 근기를 상대로 분과함으로써 말끔히 해소했기 때문이다. 곧 [정종분]에 대하여 8문으로 분과하여 각각 상근기·중근기·하근기를 위한 8문으로 재구성함으로써 경문의 뜻이 중첩되어 있고 그 흐름도 차례가 뒤섞여 있다는 질문에 대하여 명쾌한 답변을 주었기 때문이다.

가령 경전에서 부처님은 신상을 통해서 여래를 볼 수[見如來] 있느냐, 32상을 통해서 여래를 볼 수[見如來] 있느냐, 부처님을 신상의 구족을 통해서 볼 수[見如來] 있느냐, 32상을 통해서 여래를 볼 수가[觀如來] 있느냐 라고 네 차례나 묻는다. 또한 云何應住와 云何降伏其心에 대하여 거듭 묻는다. 또한 여래의 설법을 듣기 이전에 '희유하십니다' 했으면서 다시 설법을 듣고나서도 '희유하십니다'라고 묻는다. 또한 여래가 수보리에게 여래에게 설법한 바가 있는가 하는 것과 大身에 대한 것과 미진세계에 대한 것과 칠보의 보시에 대한 것 등 수없이 반복하여 설명한다.

이런 질문에 똑같이 반복하여 답한 것이야말로 중하근 기를 상대로 한 설법이라는 단적인 증거로 제시하고 있다. 이에 상대하여 상근기는 발심만으로 작용을 삼아 침묵으로 개시한다고 말한다. 곧 경문의 초두에서 부처님께서 아직 설법을 하기도 전의 침묵의 상황에서 수보리가 먼저 "희유 하십니다, 세존이시여. 여래께서는 제보살을 선호념하시 고 제보살을 선부촉하십니다."라고 찬탄한 것을 그 증거로 들고 있다.248) 그러나 중근기와 하근기에 대해서는 언설을 통해서 비로소 信하기 때문에 언설의 개시를 빌려 信을 내 도록 한다249)는 것이다.

이와 같은 3단구성의 바탕에서 3종의 근기에 따른 함허 의『금강경』분과는 이전의 18住의 분과나 27斷疑의 분과 나 二周說法의 분과나 12分의 분과 등에서 중첩되어 나타 나고 있는 경문의 해석과는 사뭇 다른 점을 엿볼 수가 있 다. 이것은 함허가『윤관』마지막 부분에서 願望하고 있 는 "초발심한 자들을 위하여 글로 써서 후세에 전한다."는 것에 부합되는 것이기도 하다. 더불어『금강경』의 설법이

---

248) 상근기의 지혜로운 자는 말하지 않아도 信하기 때문에 경문의 첫머리 에서 발심한 것으로써 작용을 삼아 묵연히 개시한다. 『金剛般若波羅 蜜經綸貫』, (『韓國佛敎全書』 7, pp.118下-119上)
249) '여기부분'은 중근기를 위하여 설법한 부분이고, '이하 경문'은 하근기 를 위하여 설법한 부분이다. 『金剛般若波羅蜜經綸貫』, (『韓國佛敎全 書』 7, p.119上)

초발심한 보살을 상대로 이루어졌다는 취지와도 상통한다.

이처럼 함허는 『금강경』에 대한 기존의 분과와는 사뭇 다른 입장에서 분과를 시도하였다. 곧 경문의 형식에 따라서는 [서분]과 [정종분]과 [유통분]이라는 전통의 3단구성에 근거하면서도, 내용면에 나아가서는 [정종분]을 8문으로 나누어 각각의 門에 차례를 부여하였다. 곧 [정종분] 가운데서 상근기를 위한 8문은 첫째는 依理起信門(亦名開示悟入門)이고, 둘째는 依悟起修門이며, 셋째는 成行就果門이고, 넷째는 因果圓融門이며, 다섯째는 法通未來門이고, 여섯째는 依理拂迹門이며, 일곱째는 現勝勸持門이고, 여덟째는 還示拂迹門이다. 이것은 먼저 불법의 도리에 의하여 信을 일으키는 제1문으로부터 시작하여 起修門 → 就果門 → 因果圓融 → 法通未來 → 拂迹 → 現勝 → 還示拂迹 등 수증의 차례가 잘 나타나 있다. 이것은 처음 발심으로부터 수행과 깨침과 증득(성불)이라는 수증의 차제와도 통한다. 그러나 함허는 이와 같은 과정을 부득불 재차 나아가서 재삼 설명하지 않으면 안되었던 이유가 곧 근기의 차이임을 인정한 바탕에서 이루어졌다는 점을 분명히 하였다. 3종의 근기를 일깨우기 위한 이러한 분과는 대승보살이 지녀야 할 마음으로 모든 중생에 대하여 차별없이 대하는 廣大心, 중생을 영원상주한 열반계로 이끌어가는 第一心, 중생을 동체대비심으로 대하는 常心, 중생이라는 분별심이 없어 자기속에서 따로 중생을 보지 않는 不顚倒心 등의 4종심에도 상통하는 것이었다.